AF366064

CODE

DES

DOMAINES NATIONAUX,

OU

RECUEIL DES LOIS

Des 16 et 17 brumaire, 2 ventôse, 9 germinal et 2 fructidor an V, 9 vendémiaire, 16 et 24 frimaire an VI;

ARRÊTÉS DU DIRECTOIRE,

INSTRUCTIONS

ET LETTRES DU MINISTRE DES FINANCES,

Des 2 et 12 frimaire an V, 13 nivose, 29 pluviose an V, 5 ventose an VI, et autres,

Sur le nouveau mode de vente et de paiement des Domaines nationaux, et sur les différentes valeurs à employer en acquisition de ces Domaines ;

A PARIS,

Chez RONDONNEAU, au Dépôt des Lois,

Place du Carrousel.

RECUEIL DES LOIS,

ARRETES DU DIRECTOIRE EXECUTIF,

LETTRES ET INSTRUCTIONS

Sur la vente et le mode de paiemens des Domaines nationaux.

LETTRE

DU MINISTRE DES FINANCES,

Aux Administrations centrales,

EN FORME D'INSTRUCTION,

Sur l'exécution des Lois des 16 Brumaire, 9 Germinal et 2 Fructidor an V, 9 Vendémiaire, 16 et 24 Frimaire an VI, relatives à l'acquisition et au mode de paiement des Domaines nationaux.

Du 13 Nivose an VI de la République Française, une et indivisible.

LE CORPS LÉGISLATIF, Citoyens Administrateurs, vient de manifester encore par deux lois nouvelles sa constante volonté de parvenir, par l'aliénation prompte et facile des domaines nationaux, à l'extinction de la dette publique.

L'une, sous la date du 16 frimaire dernier, règle d'une manière uniforme le mode de paiement de ces biens, quelle qu'en soit la nature, et, ne laissant p'us de doute sur la cessation de la différence qu'avait établie la loi du 9 germinal an V entre l'aliénation des fonds de terre et celle des maisons et bâtimens, simplifie cette partie de comptabilité, et facilite en même temps la libération des acquéreurs.

L'autre, du 24 du même mois, sur la liquidation de l'arriéré de la dette publique et le mode de remboursement ordonné par la loi du 9 vendémiaire, contient les dispositions les plus favorables aux créanciers de l'État qui voudront se rendre adjudicataires de biens nationaux.

Ces deux lois, Citoyens Administrateurs, me fournissent naturellement l'occasion de vous entretenir des diverses dispositions qui ont statué sur le mode de paiement des domaines nationaux, et sur les différentes valeurs dont elles ont autorisé l'emploi en acquisition de ces domaines, depuis la reprise des ventes par la voie des enchères. Je crois ce rapprochement utile : les difficultés cessent lorsque les lois sont bien connues, et que l'on en combine attentivement les dispositions.

Je vais les repasser rapidement avec vous ; et pour plus de clarté, je les parcourrai dans l'ordre même où elles sont intervenues, en distinguant les époques où elles ont éprouvé des modifications, ou même cessé d'avoir leur exécution.

Ire ÉPOQUE.

Loi du 16 Brumaire an V.

Les adjudicataires, en vertu de cette loi, ont à payer, 1.º en numéraire,

La moitié de la première offre ou mise à prix : cette mise à prix est toujours égale aux trois quarts de l'estimation, ou à quinze fois le revenu.

On doit payer cette moitié de la manière suivante : un dixième dans les dix jours de l'adjudication et avant l'entrée en possession ;

L'autre moitié dans six mois ;

Quatre dixièmes en quatre obligations ou cédules, payables une chaque année dans les quatre suivantes, et produisant cinq pour cent d'intérêt.

2.º Les cinq autres dixièmes de la mise à prix et tout ce qui a pu être ajouté par la voie des enchères, doit être payé en effets de la dette publique ;

S A V O I R :

En bons de loterie,

En ordonnances de Ministres pour fournitures faites à la République,

En bordereaux de liquidation de la dette publique et de celle des émigrés,

En bons de réquisition,

En bons de restitution ou d'indemnités de pertes occasionnées par la guerre dans les départemens frontières et dans ceux de l'Ouest,

En inscriptions sur le grand-livre de la dette perpétuelle, calculées sur le pied de vingt fois la rente.

(*Art. X, XI, XII et XIII.*)

Lesdits effets ne s'entendant alors que de ceux délivrés jusqu'audit jour (16 brumaire), et déclarés seulement admissibles jusqu'au 1er messidor an V.

Cette seconde partie du prix a dû être remise à la Trésorerie nationale dans le mois de l'adjudication (*Art. XIV.*)

Les acquéreurs ont encore eu à acquitter en numéraire les frais accessoires des ventes ; lesquels consistent,

Dans le droit d'enregistrement, alors fixé à deux pour cent de la moitié de la mise à prix ;

Et dans les attributions accordées aux Administrateurs, au Commissaire du Directoire exécutif, au Directeur des domaines et aux Employés, à raison d'un pour cent du prix de la première mise, et d'un quart pour cent sur le surplus, dont la distribution entre eux est réglée par la loi en forme d'instruction du 6 floréal an 4. (*Art. XIX.*)

Quant aux autres frais, tels que vacations d'experts, honoraires du Commissaire du Directoire près les Administrations municipales, assistant à l'estimation, coût du papier des procès-verbaux d'estimation, de première séance d'enchères et d'adjudication définitive, d'impression et d'apposition d'affiches, et de bougies, ils n'ont pu également être payés qu'en numéraire, suivant la taxe faite par l'Administration centrale, et rapportée dans le préambule du procès-verbal d'adjudication définitive. (*Instruction du Ministre des finances, approuvée par e Directoire exécutif le 12 frimaire an 5.*) (*pages 24 et 25.*)

Il ne faut pas omettre d'ailleurs que le quart du second semestre de l'an 4, et, depuis le 1.er germinal dernier, celui du 1.er semestre de l'an 5, des arrérages des rentes et pensions payables en numéraire d'après la loi du cinquième

A 3

jour complémentaire, a pu être employé, pour les parties qui n'auraient pas encore été acquittées; en paiement de la portion du prix des domaines nationaux vendus ou à vendre en exécution de la loi du 16 brumaire, qui devait être payée en numéraire; (*Loi du 2 ventose même année. Art. 1, VII.*)

Que les trois quarts restans desdits semestres ont pu être employés en paiement de la seconde partie du prix payable en titres de créance, même dans le cas où les rentiers et pensionnaires auraient mieux aimé toucher en numéraire le premier quart; (*Art. II, VII, VIII.*)

Enfin, que la faculté de faire cet emploi des bons de quart et de trois quarts a été accordée à ceux mêmes qui n'étaient pas propriétaires de la rente. (*Art. IV.*)

II.ᵉ ÉPOQUE.

Loi du 9 Germinal.

La publication de cette loi a fait cesser le mode de paiement prescrit par celle du 16 brumaire à l'égard des *bâtimens nationaux qui ne tiennent point à des propriétés rurales, à des usines, ou qui ne servent pas à leur exploitation.*

Alors il a été ordonné que le prix de ces bâtimens serait payable en entier en inscriptions au grand-livre de la dette publique perpétuelle, calculées sur le pied de vingt fois la rente; savoir :

Le quart dans les dix jours de l'adjudication et avant la prise de possession;

Les trois quarts restans, dans les deux mois suivans.

Cette même loi a établi une autre différence à l'égard du mode de paiement des frais accessoires des ventes desdits bâtimens. (*Art. V, VI.*)

Elle a fixé le droit d'enregistrement à vingt centimes ou quatre sous par cent francs sur la totalité du prix,

Et à cinq centimes ou un sou par cent francs, les frais de vente et attributions des fonctionnaires et employés chargés d'y procéder. (*Art. IX.*)

Ces frais de vente, ainsi que je l'ai observé dans le temps, sont ceux de papier, d'impression et d'apposition d'affiches, et de bougies.

Les acquéreurs n'ont dû payer en sus des cinq centimes, que les frais de l'estimation, composés des vacations de l'expert et des honoraires du Commissaire du Directoire exécutif qui y assiste. (*Lettre circulaire du 3 floreal an 5.*)

III.ᵉ ÉPOQUE.

Loi du 2 Fructidor.

Avant cette loi, les ordonnances des Ministres pour fournitures faites à la République, délivrées jusqu'au jour de la loi du 16 brumaire, les inscriptions sur le grand-livre de la dette publique perpétuelle, les bordereaux de liquidation de la dette publique et de celle des émigrés, les bons de réquisition, ceux de restitution des biens des condamnés, ou d'indemnité des pertes occasionnées par la guerre dans les départemens frontières et dans ceux de l'Ouest, n'étaient admissibles en paiement de la seconde partie de la mise à prix et du produit des enchères, que jusqu'au 1.ᵉʳ messidor suivant.

La loi du 2 fructidor les admet en paiement des mêmes portions du prix de la vente jusqu'au 1.ᵉʳ ventose an 6 ; savoir :

Les ordonnances des Ministres délivrées jusqu'audit jour 2 fructidor,

Et tous les autres effets ci-dessus désignés, sans distinction de l'époque à laquelle la délivrance en a pu ou pourra être faite. (*Art. II et III.*)

Cette même loi comprend au nombre desdits effets, les bons de trois quarts d'intérêts. (*Art. III.*)

D'ailleurs elle a déclaré qu'elle ne dérogeait point à la loi du 9 germinal ; seulement, au lieu de dix jours, fixés par cette loi pour le paiement du premier quart du prix des bâtimens nationaux, elle a accordé un délai de vingt jours à compter de celui de l'adjudication, et a voulu que les acquéreurs fussent toujours tenus de payer les trois quarts restans dans les deux mois suivans.

Quant aux frais accessoires des ventes, rien n'a été changé.

Les adjudicataires des biens ruraux et terrains ont dû les acquitter conformément à la loi du 16 brumaire ;

Et ceux des maisons et bâtimens, de la manière prescrite par la loi du 9 germinal. (*Art. IV.*)

IV.ᵉ ÉPOQUE.

Loi du 9 Vendémiaire.

Cette loi, qui a ordonné le remboursement des deux tiers de la dette publique en bons au porteur, et consolidé l'autre tiers, a autorisé tout propriétaire de rente, soit perpétuelle, soit viagère, à acquitter le prix d'un domaine national qui lui serait adjugé à dater de sa publication, de la manière suivante; savoir;

La portion dudit prix payable tant en numéraire qu'en obligations, avec le tiers de l'inscription conservée, et le surplus tant avec les bons de remboursement provenant de ladite inscription, qu'avec tous bons semblables et tous autres effets de la dette publique, conformément aux lois sur la vente des domaines nationaux.

En faisant usage de cette faculté, l'acquéreur devait acquitter la totalité de son prix dans les vingt jours de l'adjudication. (*Art. CIII.*)

Mais ce délai vient d'être prorogé; et ce qu'il est important d'observer, c'est que cette prorogation est applicable à toutes les ventes faites en exécution de la loi du 9 vendémiaire, et fait cesser en conséquence l'exécution de la dernière partie de l'article CIII de ladite loi : ainsi le délai se trouve fixé, pour la partie payable en numéraire, ou en effets représentatifs du tiers consolidé, à un mois du jour de l'adjudication; et pour la partie payable en bons des deux tiers, dans les trois mois du jour où le remboursement des bons des deux tiers se fera à bureau ouvert. (*Loi du* 24 *frimaire. Art. LXXXIV.*)

Le Directoire exécutif pourra même encore étendre ce délai, s'il y a cause légitime.

Il était sensible, d'après le remboursement ordonné par la loi du 9 vendémiaire, que le mode de paiement prescrit par celle du 9 germinal pour les maisons et bâtimens n'avait pu continuer d'être précisément le même, puisque les inscriptions avaient cessé d'être ce qu'elles étaient auparavant.

On a donc dû, depuis la publication de la loi du 9 vendémiaire, distinguer, pour le paiement des maisons et bâtimens comme pour celui des fonds de terre, la première moitié de la mise à prix d'avec la seconde et le produit des enchères; acquitter celle-là avec du numéraire, des obligations ou le tiers conservé, et le surplus avec les deux tiers remboursés et les autres effets de la dette publique déclarés admissibles.

Voilà ce qu'indiquait le rapprochement des articles CII, CIII et CV.

Au reste, si l'on avait pu conserver des doutes sur le véritable sens de cette loi, ils doivent disparaître à la simple lecture du préambule de celle du 16 frimaire, et sur-tout de l'article LXXXIV, titre XIV de celle du 24 frimaire, dont voici la teneur :

En conséquence des articles CII, CIII et CV de la loi du 9 *vendémiaire dernier, les ventes des domaines nationaux*, soit maisons, *soit biens ruraux*, faites postérieurement *à la publication de ladite loi, pourront être acquittées en bons de deux tiers remboursés, tant pour la seconde moitié de la mise à prix, que pour le produit total des enchères ; quant à la première moitié de la se à prix, les acq. éreurs* seront tenus de *fournir ou du numéraire, ou des obligations, ou des inscriptions provenant du tiers conservé.*

A l'égard des frais accessoires de vente, la loi du 9 vendémiaire ne contenant à ce sujet aucune disposition, et les lois subsistantes sur la vente des biens nationaux devant être exécutées en tout ce qui n'était pas de fait abrogé par cette loi même, il s'ensuit que

Le droit d'enregistrement et les attributions des Administrateurs et Employés ont dû être acquittés comme auparavant, c'est-à-dire, conformément à la loi du 16 brumaire, lorsqu'il s'est agi de terrains nus et de biens ruraux ; et de la manière prescrite par la loi du 9 germinal, lorsque les adjudications ont eu pour objet des maisons et bâtimens.

Vᵉ. ET DERNIÈRE ÉPOQUE.

Loi des 16 et 24 frimaire.

La loi du 16 frimaire, infiniment claire dans ses dispositions, consacre à l'avenir le même mode de paiement du prix principal des domaines vendus, sans distinction de maisons ou bâtimens et de fonds de terre.

Ce mode de paiement est celui réglé par la loi du 16 brumaire, et qui a dû être suivi pour toute espèce de biens depuis la loi du 9 vendémiaire, ainsi que je l'ai établi plus haut.

La même loi détermine aussi uniformément qu'elle sera à l'avenir la perception du droit d'enregistrement sur le prix des ventes, et à quel taux seront portées les rétributions des Administrateurs, du Commissaire du Directoire, du Directeur des domaines et des Employés. (*Art. 1ᵉʳ.*)

Elle fixe le droit d'enregistrement à dix centimes ou deux sous par cent francs sur le prix total de l'adjudication, et celui de l'administration à un franc par chaque mille francs du même prix.

Ce droit est accordé aux Administrateurs tant pour leur rétribution que pour les frais à leur charge, lesquels, comme je l'ai déjà dit, sont ceux de papier et de bougies, d'impression et d'apposition d'affiches.

Il ne reste plus à acquitter par les acquéreurs que les frais d'estimation. *(Art. II et III.)*

Enfin cette même loi confirme l'article CV de celle du 9 vendémiaire, qui veut qu'un mois après la paix, le prix des domaines nationaux ne puisse être acquitté en totalité qu'avec les bons au porteur provenant du remboursement de la dette publique. *(Art. IV.)*

Je passe maintenant aux articles de la loi du 24 frimaire qui intéressent les acquéreurs de domaines nationaux.

VALEURS ADMISSIBLES.

Inscriptions provisoires.

Les créanciers de la République *pour le service de l'an 5*, les porteurs d'ordonnances délivrées par les Ministres et autres ordonnateurs pour *le même service de l'an 5*, ont l'option de les employer en acquisition de domaines nationaux à raison des deux tiers, et d'avoir une inscription pour le surplus sur la dette consolidée, ou d'attendre leur paiement en numéraire. (*Loi du 24 frimaire. Art. XXVI et XXVII.*)

Mais ce sera par une loi particulière qu'il sera pourvu à l'inscription définitive du tiers de leurs créances, comme créances exigibles.

En attendant, il leur sera délivré des inscriptions provisoires, ou, comme il est dit au titre XII, des bons nominatifs, libellés *tiers consolidé de la dette publique*. (*Art. XXX.*)

Ces inscriptions provisoires ne porteront point intérêt ; elles seront transmissibles par endossement, sans aucun droit, et admissibles en paiement des dotionaux comme numéraire, ou en acquit d'obligations contractées par le créancier ou l'endosseur, acquéreur de domaines nationaux *postérieurement à la loi du 9 vendémiaire*. *(Art. XXXI et LXXII.)*

Coupons de l'Emprunt forcé.

La loi du 9 vendémiaire, article XCV, portait que les huit derniers coupons de l'emprunt forcé seraient reçus comme dette publique, en paiement des domaines nationaux vendus ou à vendre en exécution des lois des 16 brumaire et 2 fructidor. Cette disposition avait donné lieu à plusieurs questions ; elles se trouvent aujourd'hui résolues par la loi du 24 frimaire, qui, convertissant en bons des deux tiers ces coupons, ainsi que les deux premiers qui n'auraient pas été employés, fait disparaître entièrement ce papier. (*Art. XXIX.*)

Créances non liquidées.

L'Article CIX de la même loi du 9 vendémiaire, en ordonnant qu'il serait procédé avec activité à la liquidation générale de la dette publique, avait autorisé les créanciers non encore liquidés, à se rendre adjudicataires de domaines nationaux, en justifiant du dépôt du titre de leurs créances, et en s'obligeant, avec le *visa* provisoire des Administrations, à en acquitter le prix de même manière que les créanciers liquidés. Mais elle voulait que dans ce cas les biens vendus restassent sous la main de la nation, et fussent administrés pour le compte de l'acquéreur, jusqu'à ce qu'il pût être mis en possession par le paiement du prix.

La loi du 24 frimaire, titre XI, a étendu et développé cette disposition, et en même temps elle y a apporté une modification importante, en n'exigeant plus pour la mise en possession des créanciers adjudicataires, que la justification du certificat des Commissaires liquidateurs, constatant qu'ils leur ont remis leurs titres revêtus des formalités du *visa* préparatoire. (*Art. LVII et suiv.*)

Ainsi se trouve implicitement abrogée la dernière disposition de l'article CIX de la loi du 9 vendémiaire.

DISPOSITIONS GÉNÉRALES.

TITRE XIV.

L'article LXXXIV déjà cité ne fait servir les bons des deux tiers qu'au paiement des domaines vendus postérieurement à la loi du 9 vendémiaire, quant à la partie du prix payable en effets de la dette publique.

Les articles XXVIII et LXXVI renferment une disposition plus étendue, et qui doit servir de complément à l'article LXXXIV ; ils admettent aussi ces mêmes bons des deux tiers en paiement de la seconde partie du prix des biens acquis en vertu de la loi du 16 brumaire, et par conséquent antérieurement à celle du 9 vendémiaire an 6.

Les articles LXXXV et LXXXVI sont encore favorables aux adjudicataires de biens nationaux porteurs de créances de diverses natures, en ce qu'ils leur laissent le choix de se libérer avec celle de ces créances ou partie d'icelles qu'ils préféreront.

Les articles LXXXVII et LXXXVIII indiquent de quelle manière la libération s'opérera, et comment les acquéreurs pourront tirer parti de la valeur non employée des effets qu'ils auront donnés en paiement, dans le cas où ces effets excéderaient le prix de l'adjudication.

Enfin l'article LXXXIX, dont j'ai déjà eu aussi occasion de parler, parce que sa disposition s'applique aux ventes faites en vertu de la loi du 9 vendémiaire, accorde un mois, à compter du jour de l'adjudication, pour le paiement de la partie numéraire ou tiers consolidé, et trois mois pour la partie payable en bons des deux tiers, à compter du jour que le remboursement de ces bons se fera à bureau ouvert.

Telles sont, Citoyens Administraieurs, les principales dispositions des lois qui ont trait au mode de paiement des domaines nationaux, et aux différentes valeurs dont elles ont autorisé l'emploi en acquisitions de ces domaines.

En vous les retraçant dégagées de tout ce qui est étranger à cette matière, sans les rapporter même en entier, mais en énonçant suffisamment ce qui est le plus essentiel à saisir, et avec la précaution d'indiquer toujours le texte des différentes lois, j'ai cru atteindre plus sûrement le but que je me suis proposé, celui d'en rendre l'intelligence plus facile et l'exécution plus certaine.

Veuillez, Citoyens, m'accuser la réception de cette lettre.

Le Ministre des Finances, D. V. RAMEL.

Au nom de la République française.

LOIS

Relatives aux dépenses ordinaires et extraordinaires de l'an V, et aux Contributions, et au nouveau mode d'acquisition et de paiement des Domaines nationaux.

Des 16 et 17 Brumaire et 2 Fructidor an V de la République française, une et indivisible.

1°. *LOI relative aux dépenses ordinaires et extraordinaires de l'an V.*

Du 16 Brumaire an V..

LE CONSEIL DES ANCIENS, adoptant les motifs de la déclaration d'urgence qui précède la résolution ci-après, approuve l'acte d'urgence.

Suit la teneur de la déclaration d'urgence et de la résolution du 11 Brumaire :

Le Conseil des Cinq-cents, après avoir entendu le rapport de la commission spéciale à laquelle il a renvoyé l'examen du message du Directoire exécutif, du 19 vendémiaire dernier ; considérant que le crédit public ne peut être assuré que par l'équilibre des recettes et des dépenses ordinaires ;

A

Que le plus grand acheminement à la paix eſt l'assignation des fonds extraordinaires pour la guerre, si les ennemis de la république la mettent dans la nécessité de la continuer;

Que la dignité & la prospérité de la nation réclament sur ces deux objets la plus prompte détermination du Corps législatif,

Déclare qu'il y a urgence.

Le Conseil, après avoir déclaré l'urgence, prend la résolution suivante :

ARTICLE PREMIER.

Il ſera fait, pour le ſervice de l'an V, un fonds de 450 millions de francs, valeur métallique, affecté aux dépenses fixes ;

Et un fonds de 550 millions, même valeur, affecté aux dépenses extraordinaires de la guerre.

II. Les dépenſes fixes ſeront prises en entier sur le produit des contributions de l'an V.

III. Les fonds extraordinaires sont affectés ſur l'arrièré des contributions, sur les revenus des domaines nationaux et des forêts nationales ; & pour compléter la ſomme de 550 millions en valeurs disponibles, il ſera vendu une quantité ſuffiſante de domaines nationaux, dans les formes ci-après déterminées.

IV. La contribution foncière de l'an V est fixée à 250 millions en principal, à répartir ſur les quatre-vingt-dix-huit départemens situés en Europe.

La contribution perſonnelle & ſomptuaire, pour la même année, est fixée à 50 millions, à répartir ſur tous les habitans du même territoire.

V. Il ſera ouvert, dans les dix jours qui ſuivront la publication de la préſente loi, dans chaque commune, un rôle proviſoire pour l'an V, ſur lequel tous les contribuables ſeront portés pour le cinquième du montant de leurs contributions directes de l'an IV, payable en numéraire ou mandats au cours, dans le mois qui ſuivra la publication du rôle.

Sur les ſommes provenant de cette recette, ſera prélevé par préférence le montant des dépenſes locales de département & de communes, pour ce qui en eſt dû à compter du 1ᵉʳ. vendémiaire de l'an V, et ſucceſſivement ce qui ſera néceſſaire pour ſubvenir aux dépenſes courantes.

Les premiers deniers ſeront verſés dans les caiſſes des receveurs, en remplacement des avances faites par le tréſor public, pour les dépenſes du premier trimeſtre de l'an V.

VI. Les bons de réquiſition pourront être employés en paiement de la moitié des contributions directes de l'an IV, par les contribuables à qui ils auront été nominativement remis en exécution de la loi du 3 vendémiaire an V ; mais ils ne ſeront admis qu'en repréſentant la quittance de la première moitié.

Dans le cas où la valeur des bons ne s'élèverait pas au montant de la moitié, ils ne ſeront également admis qu'en préſentant la quittance du ſurplus de la contribution.

Les bons qui n'auront été ainſi employés, ou ce qui reſtera de plus-value, ſeront admis en paiement de biens nationaux, comme les autres créances ſur l'Etat ; dont il ſera parlé ci-apiès.

Ils ſeront de plus admis en paiement des contributions directes de l'an VI ; mais dans ce dernier cas, ils ne pourront être préſentés que par les contribuables à qui ils auront été remis.

VII. Pour aſſurer le recouvrement d'une ſomme égale au montant des dépenſes fixes, il ſera établi des impoſitions indirectes juſqu'à concurrence du déficit que laiſſeront les produits réunis de la contribution foncière, perſonnelle & ſomptuaire, de la perception des droits de timbre, d'enregiſtrement, douanes et patentes, actuellement établis.

Les lois concernant l'adminiſtration des postes et meſſageries ſeront revues, & leur réſultat arrêté à la certitude d'un produit de 12 millions.

Celles relatives au droit de marque d'or & d'argent aſſureront un produit de 500,000 livres.

VIII. Tous les domaines nationaux, y compris ceux des départemens réunis, à l'exception de ceux réſervés pour le ſervice public, des forêts nationales & bois réſervés par les lois rendus à ce ſujet, ſeront mis en vente, conformément à ce qui est preſcrit ci-deſſus, (article III) pour atteindre le montant des fonds extraordinaires. Le Directoire exécutif fe fera rendre compte fucceffivement des produits defdites aliénations, et en informera le Corps législatif, dès qu'ils auront fuffi à compléter le montant defdits fonds extraordinaires.

IX. Ces ventes feront faites par les administrations de départemens, quinzaine après l'affiche, fur enchères reçues de la manière réglée par les lois antérieures à celles du 28 ventôfe, & fuivant les bases d'évaluation & le mode de paiement ci-après déterminé.

X. Les enchères feront ouvertes fur une première offre égale aux trois quarts du principal de l'évaluation des biens eftimés en vertu des lois précédentes.

Et quant aux biens non estimés, le revenu en sera fixé par des experts, & les enchères feront ouvertes sur l'offre de quinze fois ce revenu.

XI. Le prix des biens vendus fera payable de la manière suivante :

Un dixième en numéraire, moitié dans les dix jours et avant la prife de poffeffion, et moitié dans fix mois ; quatre dixièmes en quatre obligations ou cédules, payables, une chaque année dans les quatre suivantes, et produifant cinq pour cent d'intétêt.

Le reftant du prix pourra être acquitté, ou avec des ordonnances des ministres pour fournitures faites à la république, ou en bordereaux de liquidation de la dette publique, ou de la dette des émigrés, ou en bons de réquifition, bons de loterie, & ordonnances ou bons de reftitution ou d'indemnité de pertes occafionnées par la guerre dans les départemens frontières, et dans ceux de l'Ouest, ou en infcriptions fur le grand-livre de la dette perpétuelle, calculées fur le pied de vingt fois la rente.

XII. Les infcriptions fur le grand-livre de la dette publique, ainfi que les bordereaux de liquidation & indemnité, bons de réquifition ou ordonnances des miniftres, délivrés jufqu'à ce jour, ne seront admis, conformément à l'article précédent, en paiement du prix des domaines nationaux, que jufqu'au 1.er meffidor prochain.

XIII. La partie payable en numéraire, ou en obligations ou cédules, fera toujours réglée par le montant de la première offre ou de la mife à prix, telle qu'elle eft réglée par l'article X. Tout ce qui fera ajouté par voie des enchères, pourra être payé de la même manière que les cinq derniers dixièmes ; tellement qu'un domaine eſtimé 2,000 francs de revenu, mis à l'enchère ſur une première offre de 30,000 francs, & adjugé, par exemple, au prix de 50,000 francs, pourra être payé; savoir :

1,500 francs en numéraire dans les dix jours, et avant la priſe de poſſeſſion ;

1,500 francs dans les ſix mois ;

Quatre obligations ou cédules de 3,000 francs chacune, payables d'année en année, avec l'intérêt à 5 pour 100 ſans retenue ;

Et 35,000 francs en ordonnances des miniſtres, bordereaux de liquidation, inſcriptions ſur le grand-livre, et autres effets mentionnés en l'article XI.

XIV. La partie du prix des domaines nationaux qui ſera payée en effets de la dette publique, dans les valeurs ci-deſſus déſignées, ſera remiſe à la tréſorerie nationale dans le mois de la vente.

XV. Il ſera, par le commiſſaire près l'adminiſtration centrale, formé, sans frais, une ſeule oppoſition aux hypothèques ſur l'acquéreur ; elle tiendra au profit de chacun des porteurs de ces obligations.

Dans les départemens où il n'y a pas de bureau d'hypothèque, la notification au greffier du tribunal civil, qui en tiendra regiſtre, vaudra oppoſition proviſoirement, et juſqu'à la miſe en activité du code hypothécaire.

XVI. A défaut de paiement d'une ou pluſieurs des obligations, le porteur ou les porteurs qui ne voudraient pas ſuivre leurs actions perſonnelles ou en expropriation dans les formes ordinaires, ne ſeront tenus, pour toutes diligences, qu'à une ſimple ſommation au débiteur, laquelle ils dénonceront au commiſſaire du Directoire exécutif près l'adminiſtration centrale, qui en donnera récépiſſé à l'huiſſier.

XVII. Dans la décade qui ſuivra la dénonciation au commiſſaire, ce dernier fera faire une nouvelle ſommation au débiteur, avec déclaration que, faute de payer dans le délai de dix jours, il ſera procédé à la revente du bien par lui acquis.

XVIII. Faute de paiement dans le délai indiqué, le bien fera revendu dans les formes de la première vente; le prix fera payable :

1.º Comptant pour la partie des obligations échues non payées;

2.º A la charge d'acquitter à leur échéance les obligations non échues;

3.º De payer le furplus du prix, s'il y en a, entre les mains du précédent adjudicataire ou de fes ayant-droit, un mois après le paiement de la dernière de fes obligations, le tout avec l'intérêt de cinq pour cent.

Et dans le cas où le prix de la vente ne couvrirait pas ce qui reste dû par le premier acquéreur, intérêts & frais, il fera pourfuivi, & fes biens faifis pour en parfaire le paiement; et les cédules qui ne pourraient être payées à leur échéance par délégation du prix, feront acquittées à préfentation, lors de ladite échéance, par la tréforerie nationale.

XIX. Indépendamment des prix ci-deffus ftipulés, les acquéreurs de domaines nationaux feront tenus d'acquitter en numéraire le droit d'enregiftrement, à raifon de deux pour cent de la moitié de la première mife, & de configner entre les mains du fecrétaire général de l'adminiftration centrale, un pour cent du prix de la première mife, & un quart pour cent fur le furplus du prix, pour être diftribué entre les adminiftrateurs, les employés & le directeur de la régie des domaines, de la manière prefcrite par la loi du 28 ventofe dernier.

XX. Les ci-devant religieux, religieufes & autres perfonnes comprifes dans la fuppreffion du clergé régulier dans la ci-devant Belgique, continueront à être admis à payer les domaines qu'ils acheteront directement dans les neuf départemens réunis par la loi du 9 vendémiaire de l'an IV, avec les bons qui leur font délivrés, pour leur tenir lieu de penfion de retraite. L'excédent feulement du prix qu'ils n'auront pas acquitté avec ces valeurs, fera payé comme il eft dit ci-deffus; favoir, en numéraire, obligations ou cédules, jufqu'au complément de la moitié de la première offre, et le furplus en effet de la dette publique.

XXI. Néanmoins, les particuliers qui ont déjà demandé la mife en vente de quelques domaines nationaux fitués dans les neuf départemens réunis, ou qui le feront dans le mois de la publication de la préfente , loi, feront admis à la pourfuivre & à en payer le prix, conformément aux difpofitions de la loi du 17 fructidor dernier, contenant des moyens pour accélérer la vente des domaines nationaux, dans les neuf départemens réunis le 9 vendémiaire an IV.

XXII. Les acquéreurs de maifons, ufines, bois de futaie et bois taillis, ne pourront faire aucune coupe de bois ni démolition avant d'avoir foldé le prix entier de la vente, et ce, à peine d'exigibilité de ce qui reftera dû, à moins qu'ils n'en aient obtenu l'autorifation de l'adminiftration de département, fur l'avis de l'adminiftration municipale : ladite autorifation fera toujours à la charge de donner bonne & valable caution.

XXIII. Il est dérogé par la préfente loi à toutes difpofitions antérieures qui pourraient y être contraires.

XXIV. La préfente réfolution fera imprimée.

Signé CAMBACÉRÈS, *président ;*
DUBOIS (des Vosges), FABRE, T. BERLIER, MATHIEU, *secrétaires.*

Après une feconde lecture, le Confeil des Anciens APPROUVE la réfolution ci-deffus. Le 16 Brumaire, an V de la République françaife.

Signé J. G. LACUÉE, *président ;*
VIENNET, KERVELEGAN, LEPAIGE, *secrétaires.*

Le Directoire exécutif ordonne que la loi ci-deffus fera publiée, exécutée, & qu'elle fera munie du fceau de la République. Fait au palais national du Directoire exécutif, le 16 Brumaire, an V de la République françaife.

Pour expédition conforme, *signé* P. BARRAS, *président ;* par le Directoire exécutif, *le secrétaire général,* LAGARDE ; *& fcellé du fceau de la République.*

2.º *LOI relative à la répartition et au recouvrement des contributions directes.*

Du 17 Brumaire an V.

LE CONSEIL DES ANCIENS, adoptant les motifs de la déclaration d'urgence qui précède la réfolution ci-après, approuve l'acte d'urgence.

*Suit la teneur de la déclaration d'urgence et de la Réfolution
du 11 Brumaire:*

Le Confeil des Cinq-cents, après avoir entendu le rapport de la commiffion fpéciale à laquelle il a renvoyé l'examen du meffage du Directoire exécutif du 19 vendémiaire dernier;

Confidérant qu'il n'y a plus de fûreté dans les affignations fur le tréfor public, plus d'égalité entre les citoyens, fi quelques-uns peuvent fe fouftraire impunément à l'obligation commune d'acquitter, dans les mêmes termes, leur part des charges publiques;

Confidérant que cette réfiftance partielle à la volonté générale pourrait avoir les fuites les plus funeftes, s'il n'y était promptement pourvu par des difpofitions auffi févères qu'efficaces,

Déclare qu'il y a urgence.

Le Conseil, après avoir déclaré l'urgence, prend la réfolution fuivante:

ARTICLE PREMIER.

Les membres des adminiftrations centrales de département feront tenues de faire, entre les communes de leur arrondiffement, la répartition des contributions directes, dans les quinze jours de la réception des lois rendues en cette partie.

Les adminiftrations municipales feront auffi tenues de mettre les rôles en recouvrement, dans le délai de quinze jours, à compter de la réception des mandemens; et, faute de le faire, le Directoire exécutif nommera des commiffaires fpéciaux chargés de fuppléer auxdites opérations : les falaires dûs à ces commiffaires feront payés par les adminiftrateurs en retard.

II. Les receveurs des départemens & les percepteurs des communes, feront refponfables du recouvrement des fommes impofées dans les dix jours qui fuivront l'échéance des délais fixés par les lois. Ils y feront contraints dans les dix jours fuivans, par la privation de toutes leurs remifes fur les fommes non recouvrées, pour lefquelles ils ne pourront juftifier avoir fait les diligences prefcrites par la loi, & dans les délais qu'elle aura déterminés.

Ces dix jours écoulés, & à défaut de diligences, il fera procedé par faifie & vente des biens defdits receveurs et percepteurs, & de leurs cautions.

III. Les contribuables qui n'auront pas acquitté le montant de leur taxe en contribution directe dans les dix jours qui fuivront l'échéance des délais fixés par les lois, y feront contraints dans les dix jours fuivans par la voie des garnifaires envoyés dans leur domicile, & auxquels ils feront tenus de fournir le logement & les fubfiftances, & de payer de plus un franc par jour. Ce premier délai expiré, le paiement fera pourfuivi par la faifie & vente des meubles des contribuables en retard, même des fruits pendant par racines.

Les garnifaires feront nommés par les admiftrations municipales, fur la demande des percepteurs.

IV. Les rôles des exercices antérieurs à celui de l'an V, non encore mis en recouvrement, feront terminés, & leur montant certifié au ministre des finances par les corps adminiftratifs, dans les dix jours qui fuivront la publication de la préfente loi, fous les peines portées dans les articles précédens.

V. Les fommes dues par les contribuables fur les exercices antérieurs à l'an V, feront payées ; favoir, tout ce qui manque aux trois quarts des fommes portées dans les rôles faits, dans les dix jours de la publication de la préfente loi ; à l'égard des rôles non formés, dans les dix jours qui fuivront leur mife en recouvrement, & le furplus le 15 frimaire prochain.

VI. Les affignats de 100 francs & au-deffous feront admis en paiement des contributions directes & indirectes, fur le pied de trente capitaux pour un, en remplacement de mandats, dans les dix jours qui fuivront la publication de la préfente.

Les affignats qui rentreront par les impofitions, feront annullés & brûlés en la forme accoutumée.

VII. La contribution des maifons & bâtimens, payable en exécution des lois exiftantes, en assignats ou en mandats, en tout ou en partie, valeur nominale, ne pourra être acquittée de cette manière, que dans les dix jours qui fuivront la publication de la préfente loi fur les rôles déjà faits, ou dans les dix jours qui fuivront la publication des rôles à faire. Ce délai passé, elle ne pourra être acquittée qu'en numéraire, franc pour franc, ou en mandats au cours, comme la contribution des fonds ruraux.

VIII. Les fermiers feront tenus de faire l'avance des contributions pour leurs propriétaires, fauf à s'en faire rembourfer, ou à les retenir fur le prix de leur fermage.

IX. Les receveurs & percepteurs feront tenus, le onzième jour de la publication de la préfente loi, à l'égard des rôles en recouvrement, & le onzième jour après la remife des rôles non encore terminés, de faire conftater par les municipalités de leur domicile, l'état & le montant de leur recette, & d'en adreffer le procès-verbal, dans les deux jours fuivans au plus tard ; favoir, les percepteurs aux adminiftrations centrales, & les receveurs aux mêmes administrations, au miniftre des finances & à la tréforerie nationale, & de verfer, chacun en droit foi, les fonds defquels ils feront détenteurs, dans les caiffes qui doivent les recevoir. Ce délai paffé, ils ne feront plus admis à porter dans leur compte ni des affignats d'aucune manière, ni des mandats valeur nominale.

X. Les percepteurs des communes feront tenus à l'avenir de verfer le produit de leur recette chez le receveur du département ou entre les mains des prépofés, au moins une fois par décade. Ceux qui feront en retard, & qui n'auront pas prévenu le receveur qu'ils n'ont rien reçu dans les dix jours précédens, y feront contraints par une efcorte de gendarmerie, dont ils feront tenus de payer les frais, à raifon de cinq francs par jour pour chaque gendarme.

XI. Les percepteurs des communes tiendront, indépendamment du rôle des contributions, un relevé ou bordereau fur lequel ils rapporteront, jour par jour, le nom des contribuables qui auront effectué des paiemens, et le montant des fommes remifes. Ils le feront clore & arrêter par l'agent de la commune ou par le commiffaire du Directoire exécutif auprès de la municipalité, tous les dix jours au moins, & la veille de leur verfement chez le receveur du département ou de l'arrondiffement.

La quittance du receveur fera rapportée à la fuite de l'arrêté du bordereau.

XII. Les obligations ci-deffus impofées aux percepteurs vis-à-vis des receveurs font rendues communes vis-à-vis de ces derniers, à leurs prépofés dans les anciens arrondiffemens de diftrict.

XIII. Les receveurs des départemens feront obligés de tenir un état de fituation de tous les percepteurs des communes ; cet état fera connaître la fomme portée dans les rôles, celle qui a été payée & ce qui refte dû.

XIV. Les adminiftrations centrales enverront, les 1 0, 2 0 & 3 0 de chaque mois, ou le lendemain, au miniftre des finances, l'état des recouvremens faits par le receveur du département. Cet état fera connaître :

1.° Le montant des contributions directes affignées au département pour chaque exercice non foldé ;

2.° Le montant des fommes payées d'après l'état précédent ;

3.° Le montant des fommes payées depuis le dernier état ;

4.° Le montant des fommes dues pour le folde de l'exercice ;

5.° Le montant des sommes reçues depuis le dernier état fur toutes les parties des recettes publiques autres que les contributions directes ;

6.° Le montant des fommes reftantes en caiffes ;

7.° L'état du 3 0 fera connaître la fituation de chaque commune dans la forme prefcrite par l'article précédent.

XV. Les receveurs des départemens feront, à l'égard des commiffaires de la tréforerie nationale, ce qui eft prefcrit par l'article précédent à l'égard des adminiftrations centrales.

XVI. Les états adreffés au miniftre des finances & à la tréforerie nationale feront fignés par le commiffaire du Directoire exécutif, ou par l'adminiftrateur qui le remplacera.

Ils font déclarés refponfables de l'exécution de cette difpofition ; ils pourront être privés de leur traitement pour tous les jours de retard, & la lifte de
ceux qui fe feront rendus coupables de cette négligence fera adreffée, le 1 0
de chaque mois, au Directoire exécutif, par le miniftre des finances.

XVII. La préfente réfolution fera imprimée.

Signé CAMBACÉRES, *préfident ;*
DUBOIS (des Vofges), FABRE, T. BERLIER, MATHIEU, *fecrétaires.*

Après une feconde lecture, le Confeil des Anciens APPROUVE la réfolution ci-deffus. Le 1 7 Brumaire an V de la République françaife.

Signé J. C. LACUÉE, *préfident ;*
VIENNET, KERVELEGAN, LEPAIGE, *fecrétaires.*

Le Directoire exécutif ordonne que la loi ci-deffus fera publiée & exécutée, & qu'elle fera munie du fceau de la République. Fait au palais national du Directoire exécutif, le 1 7 Brumaire an V de la République
françaife.

Pour expédition conforme, *signé* P. BARRAS, *président ;*
par le Directoire exécutif, *le secrétaire général,* LAGARDE ; *et*
scellée du sceau de la République.

3.° *LOI relative à la vente des Biens nationaux.*

Du 2 Fructidor an V.

Le Confeil des Anciens, adoptant les motifs de la déclaration d'urgence
qui précède la réfolution ci-après, approuve l'acte d'urgence.

Suit la teneur de la déclaration d'urgence et de la résolution du 23 thermidor.

Le Confeil des Cinq-cents, après avoir entendu fa commiffion des finances ;

Confidérant que le délai fixé pour l'admiffion des infcriptions fur le
grand-livre & des autres valeurs déterminées par les articles XI & XII de la

loi du 16 brumaire dernier, en paiement des domaines nationaux, eſt expiré le premier meſſidor dernier ; & conſidérant qu'il eſt inſtant d'activer la vente de ces biens pour assurer le ſervice extraordinaire & pour éteindre la dette publique,

Déclare qu'il y a urgence.

Le Conſeil, après avoir déclaré l'urgence, prend la réſolution ſuivante :

ARTICLE PREMIER.

Les biens nationaux continueront d'être vendus dans la forme établie par la loi du 16 brumaire dernier, & le prix en ſera payable ainſi qu'il eſt ſtatué ci-après.

II. Juſqu'au premier ventoſe de l'an VI, les cinq premiers dixièmes de la miſe à prix des domaines nationaux qui feront adjugés à compter du jour de la publication de la préſente, feront acquittés ſuivant le mode & dans les délais déterminés par ladite loi, ſauf ce qui ſera ſtâtué ci-après pour les neuf départemens réunis.

III. Les cinq autres dixièmes du montant de la miſe à prix, telle qu'elle a été réglée par l'article XI de la loi du 16 brumaire dernier, ainſi que tout ce qui ſera ajouté par la voie des enchères, feront acquittés, juſqu'au premier ventoſe prochain, en ordonnances des miniſtres délivrées juſqu'à ce jour, pour fournitures faites à la République, ou en bordereaux de liquidation de la dette publique ou de la dette des émigrés, ou en bons de réquiſition, bons de loterie & ordonnances, ou bons de reſtitution des biens des condamnés, ou d'indemnités des pertes occaſionnées par la guerre dans les départemens frontières & dans ceux de l'Oueſt, bons de trois quarts d'intérêts & inſcriptions ſur le *grand-livre* de la dette perpétuelle calculée ſur le pied de vingt fois la rente.

IV. Il n'eſt point dérogé à la loi du 9 germinal dernier, pour le paiement du prix des bâtimens nationaux vendus ou à vendre.

Les acquéreurs deſdits bâtimens jouiront d'un délai de vingt jours, à compter de celui de l'adjudication, pour payer le premier quart du prix de ladite adjudication ; ils feront tenus de payer les trois quarts reſtans dans les deux mois ſuivans.

V. En cas de revente fur folle enchère prefcrite par l'article XVIII de la loi du 16 brumaire, l'excédent du prix de la revente, s'il y en a, fera payable au tréfor public.

VI. Les corps adminiftratifs, après avoir entendu le commiffaire du Directoire exécutif, pourront remettre à la décade fuivante, pour une fois feulement, l'adjudication définitive lorfqu'ils jugeront que les enchères ne font pas portées à leur taux véritable, & à la charge que la dernière enchère fubfiftera & fervira de mife à prix à la feconde mife en vente.

VII. Les acquéreurs des domaines nationaux fitués dans les neuf départemens de la Belgique, auront la faculté d'acquitter la moitié de la fomme, payable fuivant l'article III ci-deffus, avec les valeurs énoncées audit article, & l'autre moitié avec des foumiffions de rapporter des bordereaux de liquidation de la dette particulière auxdits départemens réunis. Ces bordereaux feront préalablement vifés à la tréforerie.

VIII. Les foumiffions autorifées par l'article précédent feront dépofées entre les mains des receveurs des domaines nationaux; elles porteront cinq pour cent d'intérêt par an, & feront échangées dans les délais qui feront déterminés par les lois à intervenir fur ladite liquidation.

IX. Les membres des maifons & établiffemens religieux fupprimés par la loi du 15 fructidor an IV, dans les neuf départemens réunis, feront admis, jufqu'au premier ventofe prochain, à recevoir les bons repréfentatifs des capitaux fixés & gradués par l'article XI de ladite loi.

X. Les bons mentionnés en l'article précédent ne feront plus admis en paiement des cinq premiers dixièmes de la mife à prix des biens nationaux, au moyen de quoi les articles XIII & XIV de la loi du 15 fructidor an IV font abrogés.

XI. Les porteurs defdits bons feront tenus de les échanger contre des obligations pour même valeur foufcrites par les acquéreurs de domaines nationaux, pour le paiement des deux derniers dixièmes de la première moitié de la mife à prix des adjudications.

Ils jouiront de l'intérêt attaché auxdites obligations, à l'effet de quoi cet intérêt fera payable par femeftre, par les acquéreurs de biens nationaux dans les neuf départemens réunis.

La préfente réfolution fera imprimée.

Signé J. V. DUMOLARD, *préfident;*
BAILLY, EMMERY, VALENTIN-DUPLANTIER, WILLOT, *fecrétaires.*

Après une feconde lecture, le Confeil des Anciens APPROUVE la réfolution ci-deffus. Le 2 Fructidor an V de la République françaife.

Signé A. D. LAFFON, *préfident;*
CHASSIRON, LIBOREL, LEDANOIS, LEBRETON, *fecrétaires.*

Le Directoire exécutif ordonne que la loi ci-deffus fera publiée, exécutée, & qu'elle fera munie du fceau de la République. Fait au palais national du Directoire exécutif, le 3 Fructidor an V de la République françaife.

Pour expédition conforme, *signé* CARNOT, *président;*
par le Directoire exécutif, *le secrétaire général,* LAGARDE,
et scellée du sceau de la République.

A P A R I S,

DE L'IMPRIMERIE DU DEPOT DES LOIS,

Place du Carrousel,

Et se trouve dans les villes chef-lieux de départemens, au bureau de correspondance
du Dépôt des Lois.

INSTRUCTION

SUR

LE NOUVEAU MODE DE VENTE

DES

DOMAINES NATIONAUX.

INSTRUCTION

Sur le nouveau mode de Vente des Domaines nationaux, aux Enchères, ordonné par la Loi du 16 Brumaire, an V.

SUIVANT l'article II de la Loi du 20 fructidor, an 4.ᵉ, on ne peut procéder que sur enchères à la vente des Domaines nationaux qui, lors de la publication de cette Loi, ne se sont pas trouvés soumissionnés d'après celles des 28 ventôse et 6 floréal.

Le même article annonçait que les formes des ventes aux enchères seraient incessamment prescrites.

C'est ce qui a eu lieu par les articles VIII et suivans de la Loi du 16 brumaire, an 5.

L'article VIII porte : « *Tous les Domaines nationaux, y compris ceux des*
» *Départemens réunis*, à l'exception de ceux *réservés pour le service public*, des
» *forêts nationales* et *bois* réservés par les Lois rendues à ce sujet, seront mis
» en vente, conformément à ce qui est prescrit ci-dessus (article III), pour
» atteindre le montant des fonds extraordinaires. Le Directoire exécutif se fera
» rendre compte successivement des produits desdites aliénations, et en informera
» le Corps législatif, dès qu'ils auront suffi à compléter le montant des fonds
» extraordinaires ».

Le premier développement qu'exige cet article, est l'indication bien précise de ce qu'on doit entendre par :

Domaines nationaux réservés pour le service public.

LES Lois des 28 ventôse et 6 floréal n'exceptaient de la vente par suite de soumissions, que les bois et forêts au-dessus de 300 arpens, et les maisons et édifices destinés *par la Loi* à un *service public*.

Cette règle ne s'applique point aux ventes sur enchères dont il s'agit.

Au contraire :

1.º Il ne faut mettre en vente aucun objet actuellement *occupé* par un établissement public quelconque, quand même sa destination n'aurait pas été déterminée par une Loi.

A

Si la vente du local renfermant cet établissement est provoquée, l'Administration départementale ne s'occupera d'aucunes opérations pour parvenir à l'aliénation, qu'après avoir consulté le Ministre des Finances, et lui avoir fourni tous les renseignemens nécessaires pour le mettre à portée de donner une décision.

2.° Les Administrations départementales consulteront également le même Ministre, avant de mettre en vente les objets *non encore occupés* par un établissement public, mais qu'il pourrait leur paraître utile de conserver pour être consacrés à cet usage.

On ne peut trop recommander aux Administrations de ne pas perdre de vue la Loi du 10 Juillet 1791, en ce qui concerne les bâtimens ou terrains nationaux employés, ou pouvant l'être, au *service militaire.*

Forêts nationales et Bois réservés par les Lois rendues à ce sujet.

CE sont les Lois des 28 ventôse et 6 floréal qu'il faut appliquer ici, parce qu'elles sont tout-à-la-fois et les plus récentes et les plus positives. Quelques explications vont faire cesser les difficultés qu'elles ont néanmoins éprouvées dans leur exécution.

On pourra vendre les bois nationaux de 300 arpens et au-dessous, pourvu qu'ils se trouvent à la distance de plus de 1,000 toises des autres bois acquis à la Nation ou séquestrés à son profit.

La distance doit être calculée par les chemins ordinaires, et non à vol d'oiseau.

Les bois dont ceux à vendre devront être à la distance prescrite, doivent s'entendre de ceux qui ont plus de 300 arpens.

Ainsi, un bois de *300 arpens*, ou d'une *moindre* étendue, est vendable s'il est éloigné de *plus* de 1,000 toises d'un autre bois national contenant *plus* de 300 arpens, encore que, dans l'espace qui sépare ces deux bois, il s'en rencontre d'autres *de 300 arpens et au-dessous*, qui seraient aliénables, quant' à la contenance, mais qui ne peuvent être vendus, faute d'être suffisamment éloignés d'un bois non vendable.

Cette explication fera sentir qu'il ne faut pas cumuler deux parties de bois, soit pour en induire que leurs contenances réunies forment une quantité non vendable, aux termes des Lois, soit pour en conclure que le défaut de distance du bois intermédiaire rend inaliénable celui qui se trouve suffisamment éloigné.

On ne terminera pas cet article sans rappeler le Décret du 19 juillet 1791, aux termes duquel les petites fermes, métairies, ou autres Domaines nationaux de 50 arpens et au-dessous, enclavés dans les forêts nationales, ne pourront être vendus qu'ensuite de l'autorisation de l'Assemblée nationale, après avoir pris l'avis des Corps administratifs.

Il faut d'ailleurs ne pas perdre de vue qu'il est d'autres biens dont l'aliénation a été ajournée par diverses Lois non abrogées.

Biens affectés aux Établissemens de bienfaisance.

POUR conserver dans leur ancien état les établissemens ouverts à l'humanité souffrante, la Loi du 28 germinal dernier a voulu que les biens des hôpitaux et autres établissemens de charité et de bienfaisance, fussent provisoirement exceptés de ceux compris dans la Loi du 28 ventôse.

Antérieurement et le 2 brumaire, an 4.ᵉ, une autre Loi avait suspendu l'exécution de celle du 23 messidor, an 2.ᵉ, en ce qui concerne l'Administration et la perception des revenus des hôpitaux, maisons de secours, hospices, bureaux des pauvres, et autres établissemens de bienfaisance, sous quelque dénomination qu'ils soient connus.

Domaines engagés.

LA Loi du 22 frimaire, an 3.ᵉ, ayant suspendu l'exécution de celle du 10 frimaire, an 2.ᵉ, on ne peut mettre en vente, quant à présent, les Domaines engagés.

Rentes et autres droits incorporels.

LES droits incorporels sont les rentes, redevances, prestations de toute nature : comme ils n'ont qu'une existence morale et conventionnelle, on les nomme *incorporels*, par opposition aux biens qui ont une existence physique et matérielle, et que, par cette raison, l'on appelle domaines *corporels* : la qualification de ces derniers est d'un usage journalier ; car on dit communément un *corps* de ferme, un *corps* d'héritage.

Les droits incorporels nationaux, aliénables avant le Décret du 9 mars 1791, étaient seulement ceux qui se trouvaient dus par des particuliers. On n'a jamais pu légalement aliéner ceux dont la Nation était à la fois créancière et débitrice, c'est-à-dire, ceux dus ci-devant à un établissement supprimé, par un autre établissement supprimé pareillement : c'est ce qui résulte du Décret du 16 mars 1791.

Le sursis à la vente des droits incorporels nationaux, prononcé par l'art. XIV du Décret du 9 dudit mois de mars, n'a été levé que relativement aux *rentes constituées en argent*, dues à la Nation par divers débiteurs. La Loi du 13 septembre 1792, qui ordonne la mise en vente de ces sortes de rentes, fixe les gradations qui devront être observées dans les soumissions, le délai dans lequel les Adjudicataires devront payer, et la mise en jouissance de ces Adjudicataires.

Mais le délai pour le paiement et la mise en jouissance ne coïncidant point avec le mode fixé par la Loi nouvelle, qui donne lieu à la présente Instruction, les Administrations sentiront que, jusqu'à une Loi postérieure, l'aliénation des rentes mêmes déclarées vendables , est soumise à la suspension générale prononcée par la Loi du 30 brumaire, an IV.

Biens indivis.

LES biens indivis ne peuvent, aux termes de l'article XCVI de la Loi du 1.er floréal, an III , être vendus , qu'autant que le co - propriétaire a laissé passer le délai de trois mois, à partir de l'ouverture des droits de la Nation dans lesdits biens , sans justifier de sa qualité ou produire ses titres de propriété. On doit également excepter de l'aliénation, les biens dans lesquels auront un droit les co - propriétaires qui , n'ayant pas satisfait à l'article précité , se trouveraient dans l'exception établie par la Loi du 30 thermidor dernier.

Il est vrai que, d'après la Loi du 6 floréal, an IV, §. I.er, alinéa 4 , on pouvait, dans les cas y prévus, vendre la part de la République, et que c'était alors à l'Acquéreur à partager, au lieu de la Nation, avec le co - propriétaire. Mais la Loi du 20 fructidor ayant restreint l'exécution de la précédente aux biens soumissionnés lors de la publication de la dernière, l'article XCV de la Loi du 1.er floréal, an III , reprend son effet à l'égard des biens non soumissionnés, et la vente en est interdite jusqu'après le partage consommé.

Il est à observer que la Loi du 3 vendémaire, an IV , ayant donné aux *Iégitimaires* , qui n'avaient reçu que des à-comptes sur leurs droits, la faculté de demander leurs parts, en corps héréditaires , en faisant rapport de ces à-comptes, tous les individus qui ont un droit de légitime à prétendre sur des successions que la République a saisies , sont devenus *co-propriétaires* , et doivent recueillir tous les avantages attribués à ce titre, si d'ailleurs les justifications qui leur sont prescrites par la Loi du 1.er floréal , an III , se trouvent faites dans les délais fixés.

Biens, des prévenus d'émigration.

LES propriétés des prévenus d'émigration portés sur les listes des Émigrés, ne sont pas susceptibles d'être aliénées, aux termes de l'article XX de la Loi du 25 brumaire, an III, titre III, avant l'expiration des délais prescrits par les art. XVII, XVIII et XIX du même titre, ou avant le jugement définitif de leurs réclamations, faites en temps utile, pour obtenir leur radiation. Il est bien entendu que les Arrêtés des Administrations départementales qui ont rejeté des réclamations de cette nature , ne suffisent pas pour qu'elles procèdent aux ventes ; leurs Arrêtés n'étant que provisoires , suivant les articles XXII et XXX du même titre, elles doivent attendre l'Arrêté du Directoire exécutif.

Biens d'ascendans d'Émigrés.

LES biens des ascendans d'émigrés *existans*, n'ont été, par la Loi du 17 frimaire, an II, frappés que d'un simple séquestre : si, par les Lois du 9 floréal, an III, et 20 floréal, an IV, une portion en peut être réunie au Domaine national, ce n'est que dans le cas où l'ascendant consentirait à en faire le partage, qui n'est, à son égard, que facultatif ; et alors même la Loi lui donne un délai de vingt jours pour obtenir, de préférence, la portion de ses biens que ce partage a attribuée à la République. Il résulte de là que les biens des ascendans d'émigrés *existans*, ne peuvent être ni soumissionnés, ni mis en vente, que dans le cas d'un partage consommé, et après l'expiration de vingt jours, pendant lesquels ils peuvent réclamer la préférence de l'adjudication.

A l'égard des biens de ceux *décédés* depuis le 9 floréal, an III, jusqu'à la publication de la Loi du 20 floréal, an IV, il ne sera fait, par les Corps administratifs, aucune disposition pour leur vente, jusqu'à ce que le Corps législatif ait, par suite du rapport dont le Conseil des Cinq-cents a ordonné l'impression le 20 fructidor, déterminé si le partage en sera opéré selon la Loi du 1.er floréal, an III, ou selon celles du 9 du même mois et du 20 floréal, an 4.

Biens de Condamnés.

LES biens de condamnés ne peuvent être aliénés, à l'égard du passé, qu'autant que la confiscation qui en a été prononcée, se trouve dans le cas des exceptions portées au Décret du 21 prarial de l'an III ; et pour l'avenir, qu'après la réception officielle du Jugement prononçant la confiscation, ou de la Liste formée en exécution de l'article III de la Loi du 26 frimaire, an II.

Mode de Vente.

L'ARTICLE IX de la Loi du 16 brumaire, an V, porte : « Ces ventes seront » faites par les Administrations de Département, *quinzaine après l'affiche*, sur » *enchères* reçues de la manière réglée par les Lois antérieures à celle du 28 » ventôse, et suivant les bases d'évaluation et le mode de paiement ci-après » déterminés ».

L'article X ajoute : « Les *enchères* seront ouvertes sur une *première offre* égale » aux trois quarts du principal de l'*évaluation* des biens *estimés* en vertu des Lois » précédentes ;

» Et quant aux biens *non estimés*, le revenu en sera fixé par des *Experts*, et » les enchères seront ouvertes sur l'*offre* de quinze fois ce revenu ».

Pour l'exécution de ces articles, il convient d'observer les mesures détaillées dans les subdivisions ci-après.

État des Biens nationaux.

POUR remplir le vœu de l'article IV de la Loi du 25 juillet 1790, les

Administrations de Département formeront un état de tous les Domaines nationaux non vendus, situés dans leur territoire.

Cette mesure, rappelée par l'alinéa 3 du paragraphe 2 de la Loi du 6 floréal, est toujours du même intérêt, pour fournir des renseignemens aux citoyens qui desireront acquérir des Domaines nationaux.

Indépendamment des renseignemens particuliers à chaque bien, il en est de généraux, dont il est bon de donner connaissance aux personnes qui se présentent pour acquérir.

1.° Les biens nationaux sont vendus *francs* de toutes dettes, rentes foncières ou constituées, et hypothèques. C'est une règle trop connue pour qu'il soit besoin de citer les Lois nombreuses qui la consacrent ; mais elle est utile à rappeler, parce qu'elle constitue le principal avantage qu'on trouve à acquérir des biens nationaux, plutôt que ceux des particuliers.

2.° L'article VIII, titre I.er du Décret du 14 mai 1790, qui est l'une des Lois qu'on pourrait appliquer à ce qui vient d'être dit, porte, en outre, « que, » dans le cas où il serait formé des *oppositions*, elles sont, dès-à-présent, déclarées » nulles et comme non avenues, sans qu'il soit besoin que les acquéreurs ob- » tiennent de jugement.

3.° On est quelquefois tombé dans l'erreur, pour avoir donné un sens trop étendu à cette dernière disposition : les oppositions dont elle fait mention, ne doivent s'entendre que de celles qui surviendraient de la part des créanciers, et que la Loi a réprouvées, en assurant leur paiement sur le Trésor public. Il était aussi question, à l'époque du Décret, d'écarter généralement les oppo- sitions que des ci-devant titulaires risqueraient de former. Mais les *oppositions* qui peuvent être motivées sur des *prétentions de propriété*, ne doivent pas être négligées : ce ne serait pas remplir le vœu des Lois, où l'on voit généralement que la Nation n'entend jouir que comme tout propriétaire. Ces sortes d'oppositions ont ordi- nairement lieu, soit parce que l'on soutient qu'un Domaine présumé national, est réellement patrimonial ; soit parce qu'une ci-devant chapelle, dont dépendaient des biens, est prétendue avoir toujours été desservie, dans l'enceinte d'une maison particulière, par un ci-devant Chapelain ou Desservant, à la seule disposition du propriétaire ; soit enfin parce qu'il s'agit de biens que l'on prétend servir de dotation à des fondations faites pour subvenir à l'éducation des parens du fon- dateur. Ces oppositions sont dans le cas d'être vidées *par-devant les Tribunaux*, après l'accomplissement des préalables qu'on va analyser.

4.° La distinction des pouvoirs administratif et judiciaire, établie par l'art. VII, section III du Décret du 22 décembre 1789, et par l'article XIII, titre II du Décret du 16 (Loi du 24) août 1790, est consacré par les articles CLXXXIX et CCIII de l'Acte constitutionnel. Mais les citoyens réclamans, *avant de se pourvoir aux Tribunaux* pour raison des intérêts qu'ils ont à démêler avec la République, doivent (aux termes des articles XIII et XV, titre III du Décret du 23 octobre 1790, rapprochés de la Loi du 19 août 1791, et de la Loi du 19 nivôse, an IV), *s'adresser*, par simple mémoire, *à l'Administration départementale*, qui consultera celle municipale, ainsi que le Directeur du Domaine national, et donnera, dans le mois, une décision.

5.° Les biens nationaux sont adjugés ainsi qu'ils s'étendent et comportent, sans *aucune garantie de mesure*, conséquemment à la condition insérée au modèle d'affiches qu'on trouve page 250 du Code d'aliénation, rédigé par les soins du Comité de l'Assemblée nationale constituante. Un Décret n'était pas nécessaire pour consacrer ce principe constant, qu'un acquéreur est toujours censé bien connaître les objets par lui acquis. Cependant le Décret du 3 juin 1793, relatif à la vente des immeubles des Émigrés, a donné textuellement force de loi à ce même principe, et aux conséquences qui en dérivent. Voir ce Décret, articles XXIII, XXIV, XXV, XXVI et XXVII.

6.° « Lors de la vente des corps de Domaines ou Métairies, si elle se fait en
» gros, *les bestiaux*, ainsi que les *harnais et instrumens aratoires*, seront vendus
» avec les Domaines et Métairies; mais si elle se fait en détail, ces derniers objets
» seront vendus séparément ». (Art. XXXII, titre II du Décret du 23
octobre 1790).

D'après cet article, toutes les fois qu'un Domaine ou une Métairie qui, en 1790, étaient exploités par un seul cultivateur, seront mis en vente en un seul lot, parce qu'il n'y aura pas eu lieu à la division prévue ci-après, au paragraphe des estimations, les *bestiaux*, ainsi que *les harnais et instrumens aratoires*, seront *vendus avec* le Domaine ou la Métairie, soit que l'adjudication se fasse au profit de l'enchérisseur sur la masse, soit qu'on la prononce au profit des enchérisseurs partiels, sauf à ceux-ci à s'arranger entre eux.

Il n'y aura lieu de vendre ces bestiaux, harnais et instrumens aratoires, *séparément*, et selon les formes relatives au *mobilier*, que dans l'hypothèse où l'Administration, adoptant la division d'un Domaine, dans le cas prévu au paragraphe des estimations, ne verrait pas de motifs pour adjoindre les bestiaux et outils à l'une des parties de la division, ou trouverait trop de difficultés à diviser ces mêmes bestiaux et outils dans des proportions relatives à la division des fonds de terre.

Les *pailles*, *fumiers* et *semences*, et généralement tous les objets d'essence mobiliaire, nécessaires à l'exploitation des Domaines, sont compris dans ces dispositions.

Lorsque les bestiaux existans dans un Domaine, auront été donnés à titre de *chetel*, cabal, command, et à toute autre condition équivalente à celles-ci, les Administrations, avant de régler les conditions des ventes, consulteront la Loi du 15 germinal, an III.

7.° On connaît le décret du 15 frimaire, an II, concernant les *baux* des biens nationaux. Mais, d'une part, on n'a pas toujours suffisamment distingué les deux actions qui résultent de cette Loi : action en *résiliation* et action en *éviction*.

D'autre part, il faut rapprocher de cette loi celles des 11 ventôse, an II, 28 germinal, 21 floréal, 2, 11 et 21 prairial, 1.er et 2 messidor, 7 thermidor de la même année, et 7 vendémiaire, an IV : on y trouvera des explications sur divers cas généraux ou particuliers, et notamment des exceptions par rapport aux baux emphytéotiques.

8.° D'après l'instruction décrétée le 3 juillet 1791, les loyers et rentes, considérés comme fruits *civils*, étaient acquis aux adjudicataires, du jour de l'adjudication : au contraire, les fruits *naturels*, c'est-à-dire, les fruits pendans par les racines au jour de l'adjudication, *et les fermages qui les représentent*, devaient appartenir en totalité à l'acquéreur, à quelques époques que fussent fixés les termes de paiement déterminés par les baux.

Les Administrations ayant rencontré nombre de difficultés dans l'exécution de ces dispositions, la Convention nationale a rendu, le 3 floréal, an III, un Décret portant qu'à l'avenir, les *fermages des propriétés rurales* seront *acquis aux adjudicataires*, proportionnellement, et à compter du jour de l'adjudication, ainsi qu'il a été pratiqué pour les loyers des maisons et rentes.

Il convient, en conséquence, que les Préposés de la Régie, qui, jusqu'à la mise en possession des adjudicataires, demeurent dépositaires des baux des Domaines nationaux aliénés, et auxquels il doit être remis extrait des procès-verbaux d'adjudication, aient soin de régler exactement la portion de fermage afférente à la République, au *prorata* de sa jouissance, c'est-à-dire, jusqu'au jour de la vente exclusivement.

En opérant ce règlement, ils examineront la nature des *faisances* que les baux pourront comporter, afin d'en répartir le prix, dans une juste proportion, entre la République et les ayans-droit ; et pour éviter toute contestation et recours ultérieurs, la quittance qu'ils délivreront au fermier, exprimera, en même temps, la somme à payer à l'acquéreur, pour solder entièrement l'année de fermage.

9.° Avant de consentir aucune adjudication d'*étangs*, l'Administration doit s'assurer si le flottage des rivières et canaux que ces étangs peuvent alimenter, n'exige pas qu'on impose à l'acquéreur la condition de ne pouvoir les dessécher ; l'approvisionnement en général, et celui de Paris en particulier, feront sentir l'importance de cette mesure.

Soumissions.

LES soumissions, telles qu'on les entendait avant la Loi du 28 ventôse, ne sont point nécessaires ici ; car, d'un côté, la Loi qui donne lieu à la présente

Instruction

Instruction, ne les rappelle pas ; elle fait seulement mention, art. X, de *premières offres* qui devront être égales aux trois quarts de l'évaluation ou estimation : de plus, art. XIII, elle laisse l'alternative d'une *mise à prix* dans la même proportion ; et il est évident que c'est à l'Administration à faire cette *mise à prix*, à défaut de *première offre*. D'autre part, l'art. II de la Loi du 21 ventôse, an 3, a textuellement décl..ré que les soumissions seront purement facultatives.

Mais ces soumissions, considérées comme provocations de vente, ne peuvent être qu'infiniment utiles, et les Lois de 1790 qui les ont introduites, n'étant que modifiées et non abrogées, il est bon de recourir aux dispositions qui en subsistent.

Les soumissions peuvent tantôt précéder, tantôt suivre les évaluations ou estimations.

L'art. VIII de la Loi du 25 juillet 1790, voulait qu'en cas que les soumissions se trouvassent postérieures aux estimations, elles y fussent au moins égales ; l'art. X de la Loi nouvelle déclare, au contraire, qu'une première offre égale aux trois quarts de l'estimation, est suffisante.

C'est dans le Décret du 3 novembre 1790, qu'on trouve les dispositions relatives aux soumissions qui précèdent et provoquent les estimations.

D'après le vœu des articles X, XI et XII de ce Décret, le secrétaire de l'Administration départementale sera tenu de donner un certificat de la demande qui aura été faite à cette Administration, d'acquérir un Domaine quelconque, lequel certificat contiendra la date du jour auquel cette demande aura été faite ; et dans la quinzaine de la réception de ladite demande, l'Administration sera tenue de fixer l'évaluation de l'objet demandé, d'après le prix du bail, ou d'en faire opérer l'estimation dans le même délai.

Si l'opération éprouve un retard de plus de quinze jours à l'Administration, les personnes qui voudront acquérir, pourvues du certificat ci-dessus, s'adresseront au Ministre des finances, qui y fera procéder sans aucun retard, et commettra, s'il le faut, un Expert.

Estimations ou évaluations.

LES domaines nationaux, avant d'être mis en vente, peuvent et doivent être appréciés de l'une de ces deux manières :

Par une *évaluation* d'après le bail, ou au moyen d'une *estimation* par Experts.

L'*évaluation* par l'Administration départementale, peut et doit être employée pour les biens qui ont fait l'objet d'un *bail existant en 1790*.

Si la seconde partie de l'art. X de la Loi nouvelle, paraît écarter ce mode d'appréciation, en ordonnant que le revenu des biens non estimés sera fixé par Experts, il est sensible que c'est seulement pour le cas où l'évaluation ne pourra pas avoir lieu, à défaut de bail existant en 1790 ; car la première partie de cet article renferme textuellement le mot *évaluation*. Elle permet, en effet, de prendre pour base des enchères, les trois quarts du principal de l'*évaluation* des biens estimés en vertu des *Lois précédentes*. Il n'est pas moins évident que le mot *estimés* n'est employé que génériquement et comme synonyme d'*appréciés ;* car les *Lois précédentes* permettent, ordonnent même l'*évaluation* en cas de bail, et ne prescrivent, qu'à défaut de cet acte, l'estimation par Experts.

Les *Lois précédentes* auxquelles il faut recourir pour *le mode d'évaluation*, sont celles des 28 ventôse et 6 floréal, an 4, ainsi que les modèles renfermés dans la dernière de ces deux Lois, sauf néanmoins,

1.° Que la contribution foncière ne sera plus prise pour base, en aucun cas, et que l'on s'arrêtera uniquement, selon le vœu des Lois de 1790, aux baux existans en cette année ; 2.° qu'au lieu de multiplier par 22, ou par 18, le revenu des biens, on prendra pour multiplicateur uniforme, quelle que soit la nature des biens, *vingt fois* le revenu de 1790, comme il est expressément ordonné par la Loi nouvelle.

Elle porte, en effet, art. XIII, qu'un domaine estimé *2,000 francs de revenu,* sera mis à l'enchère *sur une première offre de 30,000 francs*, qui se trouvent être positivement, suivant l'art. X, *quinze fois le revenu*, ou les *trois quarts du principal de l'évaluation* sur le pied de vingt fois ce revenu.

Il est essentiel d'observer que si, dans un bail existant en 1790, il se rencontre avec des biens-fonds des droits supprimés dont le fermage n'ait pas été déterminé par ce bail, la *ventillation* ou *estimation* par Experts sera nécessaire, aux termes de l'Instruction décrétée le 31 mai 1790.

On observera scrupuleusement les alinéa 18 et 19 du §. III de la Loi du 6 floréal, concernant *les bois ;* en voici le texte :

« Tous les *bois* tant de *futaie* que *baliveaux sur taillis*, ne pouvant être consi-
» dérés comme faisant partie des biens affermés . . . . , parce qu'ils ne produisent
» pas un revenu annuel, seront *estimés* en fonds et superficie.

» Les *taillis* le seront de même, toutes les fois qu'ils ne seront *pas compris*
» dans un bail qui en donne la coupe au fermier ; *en ce dernier cas*, il sera
» seulement procédé à l'estimation des *baliveaux* et *arbres de réserve*, dont le prix
» sera *ajouté* au prix du bail.

A défaut de baux existans en 1790, il faut absolument avoir recours aux estimations par Experts.

Si la Loi emploie la dénomination d'*Experts*, c'est parce qu'elle a en vue la multitude des estimations qui pourront rester à faire ; mais ce n'est point pour prescrire la pluralité d'Experts relativement à chaque estimation : il faut, au contraire, se conformer à l'article IX du Décret du 3 novembre 1790, et faire, en conséquence, procéder à la visite et estimation de chaque bien non affermé en 1790, par *un seul Expert*, que commettra l'Administration départementale.

Si la Loi du 6 floréal, §. III, alinéa 25, ne prescrit aucune condition dans le choix des Experts, c'est à raison de la rapidité des opérations, dont l'injonction se retrouve à chaque disposition principale de cette Loi ; mais aujourd'hui que le mode des enchères établit, dans la succession des ventes, une série de délais inévitables, quel que soit le zèle que les Administrations départementales et leurs Agens devront y apporter, on ne peut trop recommander à ces Administrations, sans néanmoins leur en imposer l'obligation expresse, de confier les estimations à des Experts à ce connaissant, d'après les preuves acquises de leur expérience.

Le Commissaire du Directoire exécutif près l'Administration municipale du canton, et à son défaut, un membre de ladite Administration, assistera chaque Expert; le Receveur des domaines de l'arrondissement lui donnera tous les renseignemens qui sont en son pouvoir.

L'Expert rédigera son procès-verbal dans la forme déterminée par le modèle compris dans la Loi du 6 floréal, sauf les changemens indiqués ci-dessus à l'occasion des évaluations ; sauf aussi que la présence du soumissionnaire, s'il y en a eu, ne sera pas nécessaire.

Mais les Experts ajouteront aux indications de ce modèle, l'origine du bien, sa nature, sa consistance, ses tenans et aboutissans.

Sans attendre les soumissions, et en commençant néanmoins par les biens qui pourraient être soumissionnés d'après la nouvelle Loi, les Administrations de Département enverront ou choisiront, autant que faire se pourra, dans chaque canton, un ou plusieurs Experts pour procéder aux estimations, de telle manière cependant qu'un seul Expert soit employé pour les objets composant, en 1790, une seule exploitation.

L'estimation ne pourra être au-dessous de vingt fois le revenu du bien en 1790, rigoureusement estimé.

Elle comprendra, sans diminution ni addition, tout ce qui aura fait, en 1790, l'objet d'une exploitation, soit par un bail, ou, par préférence, un sous-bail non authentique, soit à titre de tacite réconduction, d'après un bail ou sous-bail expiré, soit enfin de la part d'un seul et même cultivateur non muni de bail.

Cette règle néanmoins n'aura pas lieu, lorsque des objets compris soit dans un bail ou sous-bail non susceptible d'évaluation, soit dans l'exploitation d'un même cultivateur, se trouveront séparés ou éloignés, de telle sorte qu'il y ait convenance à les diviser ; et dans ce cas, de l'avis du Commissaire près l'Administration municipale, l'Expert proposera cette *division*, par son procès-verbal d'estimation, qu'il aura soin alors de classer par chapitres.

B 2

L'Expert pourra de même proposer et les Administrations départementales auront la faculté d'autoriser les *réunions* que les localités rendront indispensables : par exemple , 1.° si de vastes bâtimens se trouvent unis seulement à des jardins d'agrément, d'une étendue bornée, et qui , dans tous les cas, ne peuvent offrir un produit qui mérite ou balance seulement l'entretien et les réparations , et si , non loin de là , il existe des fonds productifs ; 2.° si une briqueterie et les terres sur lesquelles on l'a jusqu'ici alimentée, se trouvent former deux exploitations; 3.° s'il s'agit de moulins et usines qui reçoivent les eaux d'étangs, et que les uns et les autres soient également exploités séparément.

Les autres cas seront déférés au Ministre des finances.

Dans les cas où les Experts proposeront de diviser des biens qui , en 1790 , faisaient l'objet d'un bail ou sous-bail non susceptible d'évaluation , et dont la durée ne sera pas encore expirée , ils auront soin de faire la ventilation du prix des fermages, c'est-à-dire, de désigner pour chaque article la portion respective du revenu qui lui appartiendra.

Attendu que l'estimation doit être rigoureuse , ce sera comme renseignement , et non comme base décisive d'appréciation , que cette estimation , dans les cas qui viennent d'être prévus, rappellera le prix du bail ou sous-bail.

L'estimation des *grands bâtimens et emplacemens dans les Communes* , devra être accompagnée et suivie des formalités prescrites par la Loi des 1.er et 4 avril 1793 , toutes les fois que l'ouverture ou l'élargissement d'une rue, la formation ou l'agrandissement d'une place , concourront avec le projet de vente.

A *Paris* , aucun immeuble ne peut, aux termes de la Loi du 19 vendémiaire, an 3 , être aliéné que d'après l'avis de la Commission des Artistes préposés pour la division de cette Commune.

Les ci-devant *châteaux* et *parcs* , ainsi que les grands bâtimens et enclos qui auraient été susceptibles des mêmes dénominations par leur situation dans les campagnes, tels que les ci-devant monastères, seront aussi aliénés, d'après la Loi des 1.er et 4 avril 1793 , toutes les fois que , suivant l'article 1.er de cette Loi, la vente en masse sera reconnue moins avantageuse.

Toutes les fois qu'un bien national sera tenu à *bail emphytéotique* ou *à vie* , l'Administration, avant de le mettre en vente , devra examiner si ce bail est susceptible d'exécution, d'après les formalités ou les exceptions déterminées par le Décret du 18 avril 1791 , qui embrasse aussi les *locateries perpétuelles* et les *baux à rentes foncières ou perpétuelles.*

Si l'Administration , après avoir entendu le bailliste et pris l'avis du Directeur des domaines , trouve le bail non susceptible d'exécution, elle chargera le Commissaire du Directoire exécutif, conformément à la Loi du 19 nivôse, an 4, de poursuivre devant les Tribunaux l'éviction de ce bailliste, à moins que, dans un bref délai, il ne défère à la décision de l'Administration. Si, au contraire, le bail est reconnu susceptible d'exécution, comme il ne pourra être *pris pour règle d'évaluation*, les rentes emphytéotiques ou à vie, ensemble la *nue propriété* des biens qui en sont l'objet, seront estimés par Experts, conformément aux articles XIV et XV dudit Décret du 18 avril 1791, et conséquemment aux tables de proportion annexées à ce Décret.

On aura égard, dans ces estimations, aux explications ci-dessus, pour le choix des Experts, leur nombre, et la présence du Commissaire du Directoire exécutif près l'Administration municipale.

La première offre, ou mise à prix, aura lieu sur les trois quarts du prix de l'estimation.

Ces explications sur le mode d'estimation, sont applicables au cas où (sans qu'il existe de bail emphytéotique ou à vie) la Nation se trouve avoir la *nue propriété* d'un bien confisqué, dont l'*usufruit* appartient à un républicole, soit *à vie*, soit pour un *temps limité*.

Mais les *usufruits* et *rentes viagères* que la Nation possède comme représentant un émigré, ne peuvent être vendus, puisque l'article XXI de la Loi du 3 juin 1793 veut que les biens et droits dont l'émigré avait l'usufruit, soient donnés à ferme pour le temps qui sera déterminé pour la durée des usufruits et rentes viagères appartenant aux émigrés.

En ce qui concerne *les baux au-dessus de neuf années et jusqu'à vingt-neuf*, leur exécution ou non-exécution doit être déterminée par les seules dispositions de l'article VII du susdit Décret du 18 avril 1791. Il faut même observer que, si cet article accorde plus de faveur à ceux de ces baux qui se trouvent faits par une ci-devant communauté, que lorsqu'ils ont été passés par des ci-devant bénéficiers, on n'en peut rien induire contre un bail de cette espèce, consenti avant la promulgation de la Loi du 9 février 1792, par un émigré, attendu qu'il y a cette différence que l'émigré était propriétaire, et que le ci-devant bénéficier n'était qu'usufruitier. Il s'ensuit que le bail fait par l'émigré, s'il n'est pas d'ailleurs attaquable, doit jouir de tout l'effet attribué, par ledit article VII, aux baux des ci-devant communautés.

Affiches.

SUIVANT l'article IX de la Loi nouvelle, les ventes seront faites *quinzaine après l'affiche*.

Il ne sera donc apposé, pour la vente d'un bien, *qu'une seule* affiche ; mais il faudra que cette affiche unique énonce à-la-fois quel jour aura lieu *la première séance d'enchères*, et quel autre jour sera consommée *l'adjudication définitive*.

Celle-ci étant fixée par la Loi au délai de quinzaine, il ne reste qu'à indiquer l'époque de la première séance : c'est à l'expiration des dix premiers jours qu'il convient de la fixer, afin de donner la latitude possible aux annonces de cette première séance.

La *quinzaine* doit être entendue du jour où il aura été possible d'apposer l'affiche tant au chef-lieu du Département qu'en chaque chef-lieu de Canton.

Ainsi, en approuvant la rédaction d'une affiche l'Administration départementale devra calculer le jour où il sera possible qu'elle soit apposée dans le chef-lieu de Canton le plus éloigné d'elle.

Et, par exemple, si l'Administration centrale, approuvant une affiche le 21 frimaire, a calculé, vu le temps nécessaire pour l'impression et le transport, que cette affiche ne pourra être apposée au Canton le plus éloigné que le 24, elle devra exprimer, dans cette affiche, que la première séance d'enchères aura lieu le 4 nivôse, et l'adjudication le 9 du même mois.

C'est pour se fixer à des bases plus précises, que l'on recommande d'avoir égard à la distance du chef-lieu de Canton le plus éloigné ; mais il n'en résulte pas que l'apposition des affiches ne doive être faite que dans les chefs-lieux de Département et de Canton.

Elles devront, selon le vœu de l'article II, titre III du décret du 14 mai 1790 , être apposées dans tous les lieux accoutumés, et notamment *dans celui de la situation des biens.* Cette mesure est singulièrement recommandée aux Administrations municipales de Canton , auxquelles les Administrations départementales feront passer le nombre suffisant d'exemplaires d'affiches.

Les affiches devront relater sommairement les indications résultant soit du bail et de l'évaluation, soit du procès-verbal d'estimation, telles que l'origine du bien, sa nature, sa consistance, ses tenans et aboutissans, enfin le montant de l'évaluation ou estimation, avec avertissement que les enchères pourront être ouvertes sur une première offre égale aux trois quarts de ce montant d'évaluation ou d'estimation.

Elles préviendront les enchérisseurs, qu'on ne garantira, dans les conditions des ventes, que les tenans et aboutissans du bien vendu, et non sa consistance ni ses produits ; sauf aux acquéreurs à prendre connaissance du bien avant de se présenter aux enchères.

Elles feront mention de l'heure des opérations.

Ces opérations seront combinées de manière qu'à partir de la première vente qui pourra avoir lieu, il y ait successivement, un même jour, séance d'adjudication et séance de premières enchères. Il ne devra s'écouler aucune décade sans que l'Administration emploie à ces opérations au moins deux jours : elle en affectera davantage, s'il est nécessaire, et les déterminera sur la réquisition du Commissaire du Directoire exécutif près le Département,

Le projet de chaque affiche sera rédigé par le Préposé en chef de la Régie du Domaine national dans le Département de la situation du bien, et approuvé, comme il est dit ci-dessus, par l'Administration de ce Département.

Ce Préposé présentera de même le projet des clauses et conditions à insérer dans les procès-verbaux des premières séances d'enchères et adjudications définitives, dont il va être question.

Premières séances d'Enchères et Adjudications définitives.

LES articles IX et X de la Loi nouvelle, renferment le sommaire des formalités à observer.

Les Administrations de Département sont chargées de faire les *ventes* et de recevoir les *enchères*, de la manière réglée par les *Lois antérieures à celle du 28 ventôse, an 4.*

En conséquence, elles emploieront les formules dont se servaient les ci-devant Districts, après la Loi du 6 ventôse, an 3, sauf les rectifications qui leur deviendront faciles par les développemens que contient la présente Instruction.

Et d'abord, il est essentiel d'observer qu'il ne subsiste de cette Loi du 6 ventôse, que l'article Ier, portant « que tous les Domaines nationaux dont la vente est » décrétée, seront vendus de la même manière et aux conditions décrétées pour » ceux de première origine ». Les autres articles ont été abrogés, ou implicitement, ou explicitement, par des Lois subséquentes.

Cependant, il n'en est pas ainsi de la deuxième disposition de l'article IV, portant « que les déclarations d'amis ou de command, qui ne seront pas faites » dans les vingt-quatre heures, et les reventes, seront assujéties à la perception » du droit ordinaire ». Cette observation sera plus détaillée dans la partie de cette Instruction qui traite du droit d'enregistrement.

Deux Commissaires de la Municipalité de la situation du bien avaient coutume de signer les procès-verbaux d'enchères et d'adjudication; l'article III, titre III du Décret du 14 mai 1790, leur donnait cette faculté, sans cependant que leur absence pût arrêter ces actes; il suffisait qu'on y fît mention qu'ils avaient été avertis : ils le seront aujourd'hui suffisamment par l'envoi des affiches, et l'on conçoit que la trop grande distance à parcourir, ne permettra pas, le plus souvent, la présence de ces Commissaires; en conséquence, on ne tiendra point à rigueur à la mention même de l'avertissement; elle résultera de celle qu'on devra faire de l'envoi des affiches. Si un Agent municipal ou son Adjoint se présentent, ils seront admis à signer.

On a expliqué ci-devant, que s'il n'a été fait aucune *soumission* ni *première offre*, c'est à l'Administration, pour ouvrir les enchères, à déterminer, sur le réquisitoire du Commissaire du Directoire exécutif, la *mise à prix* dont l'article XIII de la Loi du 16 brumaire laisse l'alternative, et qui devra, suivant l'article X, être égale aux trois quarts de l'évaluation ou estimation.

Suivant l'article VI, titre III du décret du 14 mai 1790, « les enchères » seront, *en même temps*, ouvertes sur l'ensemble ou sur les parties de l'objet » compris en une seule et même *estimation*; et si, au moment de l'adjudication » définitive, la somme des enchères partielles égale l'enchère faite sur la masse, » les biens seront, de préférence, adjugés divisément ».

Le mot *estimation* est ici employé comme synonyme d'*appréciation*; en conséquence, il exprime également estimation par Experts, ou évaluation d'après un bail. Il faut ajouter que dans le cas où il y aura, sur la proposition des Experts, des divisions ou réunions telles qu'on les a ci-devant prévues, chaque partie de la division, ou bien la masse formée d'objets réunis, ne seront considérés respectivement que comme une seule et même estimation. En supposant donc qu'un même cultivateur exploitât en 1790, avec ou sans bail, trente arpens de terre contigus ou rapprochés, plus six arpens d'autres terres éloignées, et que par cette circonstance on juge à propos d'aliéner séparément les deux parties, l'estimation de chacune, et non l'estimation totale, est précisément celle dont il s'agit ici. De même, si tel moulin était tenu par un individu, et si un étang qui alimentait cette usine se trouvait exploité par un autre, en se déterminant à réunir les deux objets, on sentira que l'estimation qu'on a ici en vue, doit être la réunion de celles qui auront eu lieu pour chacun de ces mêmes objets.

Les considérations essentielles qui commandent ces mesures, ne permettent plus de recourir ni à l'article XIV du décret du 3 novembre 1790, ni à la partie de l'Instruction décrétée le 3 juillet 1791, qui donnait le développement de cet article.

Mais il est à la suite de cette partie, un passage remarquable et dont les dispositions sont presque toutes nécessaires à recueillir.

Les enchérisseurs partiels portant leurs offres à une somme égale à l'enchère mise sur la totalité, demandent, en conséquence, que chacune des parties qu'ils ont enchéries leur soit *divisément* adjugée.

Si l'Administration déférait purement et simplement à leurs demandes, si chacun d'eux obtenait une adjudication séparée, un titre particulier et tout-à-fait indépendant de celui des autres, pour le prix déterminé par la répartition faite entre eux de celui de l'adjudication, les enchérisseurs partiels, souvent et presque toujours d'accord entre eux, auraient un moyen infaillible pour écarter tous enchérisseurs sur la totalité. Il leur suffirait de ne mettre aucune proportion dans la répartition qu'ils feraient entre eux des objets et du prix de l'adjudication, d'assigner aux uns des biens d'une grande valeur, pour des prix très-modiques, à d'autres (aux insolvables, par exemple) des objets sans valeur, pour

des

des prix excessivement exagérés. La Nation perdrait la sûreté de son paiement, puisque, dans cette hypothèse, les objets assignés aux derniers, seraient seuls sujets à la folle enchère.

Ce procédé ne peut pas être et n'est réellement pas celui autorisé par la Loi; l'avantage accordé aux enchérisseurs partiels, n'est pas le droit d'abuser des bienfaits de la nation, mais seulement celui d'obtenir la préférence sur les enchérisseurs pour la totalité, mais à égalité parfaite, et pour le montant des offres, et pour la sûreté du paiement.

Si, au moment de l'adjudication définitive, porte la Loi, la somme des enchères partielles est égale à l'enchère mise sur la masse, les biens seront, de préférence, adjugés divisément.

L'égalité n'existerait pas, si elle n'avait lieu et pour le montant des offres, et pour la sûreté du paiement, si la nation se trouvait nécessairement exposée à perdre une partie du prix du bien adjugé.

A égalité de prix, un Domaine national doit, de préférence, être adjugé aux enchérisseurs qui *ont fait des mises sur les parties de ce Domaine, sans qu'aucune soit demeurée sans offres;* mais toutes les fois *que, d'après les explications ci-dessus,* le Domaine national, *ou sa portion détachée, ou bien encore la réunion de deux Domaines,* doit former un seul lot d'évaluation ou d'estimation, l'adjudication est encore nécessairement une, indivisible; les enchérisseurs partiels n'ont ensemble qu'un seul et même titre : toutes les parties du bien *ainsi* adjugé demeurent le gage spécial de la créance de la nation; toutes restent sujettes à la revente à la folle enchère à défaut de paiement d'aucune des parties du prix de l'adjudication.

Toutes personnes peuvent-elles enchérir ! C'est une question qu'il convient de prévenir en rapportant ici le I.er article du §. I.er de l'Instruction décrétée le 3 juillet 1791.

Les Administrations sont autorisées à ne point admettre, 1.º tous ceux qui ne justifieront pas d'un *domicile* certain et d'une *contribution* directe foncière ou mobiliaire, au lieu de leur domicile, ou qui, à défaut de cette justification, ne *déposeront* pas entre les mains du Secrétaire le premier terme de paiement, d'après la première mise à prix; 2.º ceux qui s'étant rendus adjudicataires de biens nationaux, n'ont point acquitté les termes échus, ou qui ayant déjà subi l'événement d'une *folle enchère,* n'auront pas payé depuis les sommes dont ils seront restés débiteurs; 3.º les particuliers étant manifestement en état d'*ivresse,* 4.º les enchères de sommes *exagérées,* comme de 100, 200,000 liv. à la *fois,* et qui excéderaient le vingtième de la somme totale à laquelle le bien a été porté par la dernière enchère. La justification du domicile sera faite par un certificat de l'Administration municipale du Canton.

C

Mais si la Loi réprouve les *enchères exagérées*, elle ne veut pas non plus qu'il en soit fait de trop *faibles*. Suivant l'article XVI du Décret du 3 novembre 1790, « il n'en sera admis que de 5 livres lorsque l'objet sera de plus de « 100 livres, de 25 livres au-dessus de 1,000 livres, et enfin de 100 livres » lorsque l'objet dépassera 10,000 ».

Relativement à la police du lieu des séances de l'Administration, ainsi qu'à la liberté des enchères, et pour réprimer les fraudes et coalitions, il faut consulter les articles II, III et IV du §. précité; l'article XXVII, titre II du Décret du 19 juillet 1791, sur la police correctionnelle; l'article IV du Décret du 26 août suivant, et le Décret du 24 avril 1793.

Suivant l'article II, titre II du Décret du 14 mai 1790, « toutes les terres » et dépendances d'un corps de ferme seront censées appartenir au *territoire* dans » lequel sera situé le principal bâtiment servant à son exploitation. Une pièce de » terre non dépendante d'un corps de ferme, et qui s'étendra sur le territoire de » plusieurs municipalités, sera censée appartenir à celui qui en comprendra la plus » grande partie ».

Il faut ajouter, d'après le vœu de l'article XXVII, titre II du Décret du 23 octobre 1790, que si les bâtimens nécessaires à l'exploitation d'une ferme ou d'un corps de domaine, sont situés dans un Département, et les fonds en dépendant, dans un ou plusieurs autres Départemens, *la vente sera faite par l'Administration du Département* dans l'arrondissement duquel les bâtimens seront situés.

Aux termes du titre III de l'Instruction décrétée le 31 mai 1790, « les » adjudications définitives seront faites à *la chaleur des enchères* et à l'extinction » des feux ».

» On entend par *feux*, en matière d'adjudication, de petites bougies qu'on » allume pendant les enchères.

» L'*Adjudication* prononcée sur la dernière des enchères faites avant l'extinc-» tion d'un feu, sera seulement provisoire, et *ne sera définitive* que lorsqu'un » dernier feu aura été allumé et se sera éteint sans que, pendant sa durée, il ait » été fait aucune autre enchère ».

Malgré la précision de cette disposition, des difficultés qu'elle a quelquefois éprouvées dans son application exigent que l'on observe qu'un seul feu est suffisant, si, pendant sa durée, aucune enchère n'a couvert celle précédemment faite.

« Les *bougies* (suivant l'art. XVI du Décret du 3 novembre 1790) seront » proportionnées de manière que chaque feu dure environ de 4 à 6 minutes ».

C'est ici le lieu de donner des renseignemens sur ce qui concerne *les nominations de command et élections d'amis.*

Le Décret du 13 septembre 1791, porte: « Le *délai* pour faire et accepter les

» déclarations de command ou élections d'amis, demeure *fixé* dans toute la
» France, pour toute espèce de biens et pour tous effets, *à six mois*, à compter
» de la date des ventes ou adjudications *contenant les réserves* en vertu desquelles
» elles auront été faites.

» En conséquence, toute personne au profit de laquelle aura été faite, *et qui*
» *aura accepté* dans les *six mois* d'une adjudication de biens nationaux, *en vertu des*
» *réserves* et aux mêmes conditions qui y sont stipulées, une déclaration de com-
» mand ou élection d'ami, portant sur les biens compris dans ladite adjudication,
» sera, de plein droit, subrogée à l'acquéreur qui aura fait cette déclaration ou
» élection d'ami, et ne pourra, en payant à la Nation le prix desdits biens, être
» recherchée ni poursuivie, soit hypothécairement, soit autrement, par qui que
» ce soit, du chef dudit acquéreur ».

Les termes de ce Décret, à remarquer principalement, sont ceux dont il
résulte, 1.° que pour être admis à faire une déclaration de command, il faut en
avoir fait la réserve dans le procès-verbal d'adjudication, c'est-à-dire, avoir déclaré
que l'on *acquiert pour soi, ou pour son ami à élire ;* 2.° que pour faire et accepter cette
déclaration, le délai est de six mois, à compter du jour de l'adjudication ; 3.° qu'il
ne suffit donc pas que la déclaration soit faite par celui qui a acquis *avec réserves*,
mais qu'il faut encore qu'elle soit *acceptée* par celui qui se trouve nommé command
ou ami.

On ajoutera que les Administrations ont lieu d'exiger de ceux qui sont nommés,
les mêmes justifications ou conditions que des enchérisseurs ; à ce sujet, on se
réfère à ce qui vient d'être dit sur la question de savoir si toutes personnes peuvent
enchérir.

Il était nécessaire de rappeler ces principes avant de rapporter un passage de
l'Instruction décrétée le 3 juillet 1791 : « Lorsqu'un bien compris en *un seul lot*
» d'évaluation ou d'estimation, crié et adjugé pour un seul et même prix, *est*
» *divisé ensuite*, soit entre l'adjudicataire et ses commands, soit entre différens
» particuliers, par des *élections d'amis ou nominations de commands* faites après ou
» dans l'adjudication même, *la créance* de la Nation n'en demeure pas moins une,
» *indivisible ;* l'adjudication ne devient pour l'adjudicataire primitif, un titre réel,
» incommutable, la propriété ne se fixe irrévocablement sur sa tête, que du
» jour où il en a rempli toutes les conditions. Jusque-là, les diverses parties du
» bien adjugé demeurent hypothéquées à la totalité du paiement, et restent toutes
» également sujettes à la revente à la folle enchère, à défaut de paiement d'aucune
» des parties du prix de l'adjudication ».

Il n'a été jusqu'ici question que des délais dans lesquels peut être légalement
faite une déclaration de command. Quant à ceux pour la faire enregistrer et au
droit qu'elle doit supporter, il sera donné ci-après d'autres explications.

D'après l'art. IV, titre III du Décret du 14 mai 1790, *il ne peut*, en cas d'adjudication de biens nationaux *y avoir ouverture ni au tiercement, ni au doublement, ni au triplement.*

Il est bien essentiel que les parties contractantes, comme adjudicataires ou commands, et les Administrateurs et secrétaires qui auront concouru à une adjudication ou acceptation de nomination de command, ne sortent jamais du local de la séance sans avoir apposé leurs signatures à ces actes.

Le Commissaire du Directoire exécutif s'empressera de satisfaire à l'art. XV de la Loi nouvelle, qui porte : « Il sera, par le Commissaire près l'Administration
» centrale, formé, sans frais, une seule opposition aux hypothèques sur l'acqué-
» reur; elle tiendra au profit de chacun des porteurs de ses obligations.

» Dans les Départemens où il n'y a pas de bureau d'hypothèques, la notification
» au Greffier du Tribunal civil, qui en tiendra registre, vaudra opposition pro-
» visoirement, et jusqu'à la mise en activité du Code hypothécaire ».

Stipulations et mode de paiement.

QUOIQUE ces objets dussent trouver place dans les explications relatives à la rédaction du procès-verbal même de l'adjudication, leur importance détermine à les classer distinctement.

La Loi du 16 brumaire, an 5, porte, art. XI : « Le *prix* des biens vendus sera
» *payable* de la manière suivante : un *dixième* en *numéraire*, *moitié* dans les *dix*
» *jours* et avant la prise de possession, et *moitié* dans *six mois;* quatre dixièmes
» en *quatre obligations* ou cédules, payables *une chaque année*, dans les quatre
» suivantes, et produisant *cinq pour cent d'intérêt.*

» Le *restant* du prix *pourra être acquitté* ou avec des *ordonnances des Ministres,*
» pour *fournitures* faites à la République, ou en bordereaux de *liquidation* de la dette
» publique ou de la dette des Émigrés, ou *en bons de réquisition*, bons de *loterie*,
» et ordonnances ou bons de *restitution* ou *d'indemnité* de pertes occasionnées par
» la guerre dans les Départemens frontières et dans ceux de l'Ouest, ou en
» *inscriptions* sur le grand livre de la dette perpétuelle, calculées sur le pied de
» vingt fois la rente ».

Article XII : « Les inscriptions sur le grand livre de la dette publique,
» ainsi que les bordereaux de liquidation et indemnités, bons de réquisition ou
» ordonnances des Ministres, *délivré jusqu'à ce jour*, ne seront *admis*, conformé-
» ment à l'article précédent, en paiement du prix des Domaines nationaux, que
» *jusqu'au 1.er messidor prochain* ».

Article XIII : « *La partie payable en numéraire,* ou *en obligations ou cédules*, sera
» toujours *réglée* par le montant de la première offre ou de la *mise à prix*, telle
» qu'elle est réglée par l'article X (c'est-à-dire, les trois quarts de l'appréciation,

(21)

» ou quinze fois le revenu). Tout ce qui sera *ajouté* par la voie des *enchères*,
» pourra être *payé de la même manière* que les cinq derniers dixièmes ; tellement
» qu'un Domaine estimé 2000 francs de revenu, mis à l'enchère sur une
» première offre de 30,000 francs, et adjugé, par exemple, au prix de
» 50,000 francs, pourra être payé ; savoir,
   » 1500 francs en *numéraire* dans les *dix jours*, et avant la prise de possession ;
   » 1500 francs dans les *six mois* ;
   » *Quatre obligations* ou cédules de 3,000 francs chacune, payables *d'année en*
» *année*, avec l'intérêt à 5 pour cent, sans retenue ;
   » Et 35,000 francs en *ordonnances* des Ministres, bordereaux de liquidation,
» inscriptions sur le grand livre, et *autres effets* mentionnés en l'article XI ».

Article XIV : « La partie du prix des Domaines nationaux qui sera payée
» en effets de la dette publique dans les valeurs ci-dessus désignées, sera remise
» *à la Trésorerie nationale, dans le mois de la vente* ».

Des articles aussi précis exigent peu de développemens ; il suffit d'expliquer,

1.° Que les ordonnances des Ministres sont celles qu'ils ont délivrées *jusqu'au jour de la Loi*, suivant l'article XII, aux fournisseurs pour le service de la Guerre, pour celui de la Marine, et généralement pour toutes les parties du service public ;

2.° Que ces ordonnances, *avant d'être présentées* à la Trésorerie nationale, devront être *visées* par le Ministre des Finances ;

3.° Que les bordereaux de *liquidation* de la dette publique, sont ceux qui ont été *délivrés*, jusqu'à l'époque susdite, par le Directeur général de la liquidation ; et que ceux de la dette des émigrés, sont les bordereaux délivrés, soit par le Liquidateur de cette partie pour le Département de la Seine, soit par les Administrations centrales des autres Départemens ;

4.° Que ces bordereaux sont assujettis également au *visa* du Ministre des Finances, *avant* leur présentation à la Trésorerie ;

5.° Que les bons de *réquisition* sont ceux que les Administrations centrales de Département ont délivrés pour des fournitures faites aux armées, ou autres, pour le compte de la République ;

6.° Que ces bons, pour être admis à la Trésorerie, doivent avoir été préalablement vérifiés et *visés*, jusqu'à l'époque susdite, par celui des Ministres dans le département duquel se trouve la partie de service qui a donné lieu à la délivrance de ces bons ;

7.° Que les bons de *loterie* peuvent être présentés à la Trésorerie nationale, sans aucune formalité préalable, attendu que c'est elle qui les a délivrés ;

8.° Que les bons de *restitution* se composent, soit de ceux délivrés par les Corps administratifs et liquidés définitivement *par le Ministre des Finances*, pour ventes de meubles et immeubles indûment faites au profit de la Nation, soit de ceux délivrés par le même Ministre tant pour les enlèvemens faits par les Comités révolutionnaires que pour les dépôts ou consignations opérés à la Trésorerie nationale, à raison de l'intérêt que la République pouvait y avoir, et que cependant elle n'est point dans le cas de conserver ;

9.° Que les *indemnités* sont celles liquidées provisoirement par les Administrations départementales, pour les causes déterminées, article XI de la Loi, et *approuvées* définitivement par le Ministre *de l'Intérieur*, jusqu'à la susdite époque ;

10.° Et enfin, que les *inscriptions* sur le grand livre de la dette perpétuelle, sont celles délivrées par la Trésorerie nationale jusqu'à la même époque.

Une remarque à faire tant sur l'article XII de la Loi que sur les explications qu'on y a ajoutées, c'est que si cet article ne permet d'admettre que jusqu'au 1.er messidor, les inscriptions, bordereaux de liquidation et indemnités, bons de réquisition et ordonnances des Ministres, délivrés jusqu'au jour de la Loi, les effets de même nature qui auront été délivrés postérieurement, seront admis après le 1.er messidor, comme avant, en observant, par les porteurs, les préalables qui viennent d'être indiqués.

Il est bien essentiel que les acquéreurs qui voudront se libérer avec les divers effets ci-dessus énoncés pour la partie de leurs acquisitions qu'ils peuvent payer en cette nature de valeurs, ne perdent pas de vue qu'aux termes de l'article XIV de la Loi, c'est *dans le mois* de chaque acquisition qu'ils devront en faire la remise *à la Trésorerie nationale*.

Incontinent après cette remise, *les acquéreurs en justifieront aux receveurs des Domaines* près les administrations qui auront fait la vente, en leur remettant les récépissés de la Trésorerie ; pour valeur desquels ces receveurs leur délivreront des quittances comptables.

Quant au *premier dixième* du prix de chaque acquisition, *payable en numéraire*, il suffit de lire l'article XI de la Loi, pour connaître les obligations imposées aux acquéreurs, soit par rapport à la *moitié* de ce dixième, exigible dans les *dix jours* de l'adjudication et avant d'entrer en possession, soit relativement à *l'autre moitié*, payable dans les *six mois*.

Seulement il convient d'avertir les acquéreurs, qu'ils ont la faculté de se libérer de cette partie du prix de leurs acquisitions, soit à la *Trésorerie nationale*, soit *entre les mains des Receveurs des Domaines* susdésignés, en ayant soin, dans le premier cas, de faire promptement la *conversion* du récépissé de la Trésorerie, en une quittance comptable de ces Receveurs.

En ce qui concerne les *quatre autres dixièmes*, pour lesquels les acquéreurs doivent fournir quatre *obligations* ou *cédules*, les Administrations de Département auront soin de les faire souscrire avant la délivrance de l'expédition du procès-verbal d'adjudication, sans laquelle un acquéreur ne peut entrer en possession.

(23)

Les quatre obligations ou cédules seront à *l'ordre du Caissier général de la Trésorerie nationale*, et payables, à *jour fixe*, au *domicile* du Receveur des domaines du chef-lieu du Département.

Les imprimés nécessaires (dont le modèle est annexé à la présente Instruction) seront adressés aux Administrations, revêtus d'un timbre sec qui en assurera l'authenticité.

La première des quatre obligations sera *payable* dans les douze mois après l'adjudication, et les trois autres d'année en année.

Ces obligations ou cédules produiront *intérêt* à 5 pour 100 sans retenue, à partir du jour de l'adjudication, conséquemment aux Lois de 1790 ; elles emporteront *hypothèque* tant sur *l'objet vendu* que sur les *autres biens* meubles et immeubles dudit adjudicataire : car si l'article XV de la Loi du 16 brumaire, transcrit au §. précédent, veut qu'il soit formé une seule opposition aux hypothèques sur l'acquéreur, et qu'elle tienne au profit de chacun des porteurs de ses obligations, l'article XVIII porte que, s'il y a lieu à folle enchère, « et dans le » cas où le prix de la vente ne couvrirait pas ce qui reste dû par le premier » acquéreur, intérêts et frais, il sera poursuivi, et *ses biens* saisis pour en parfaire » le paiement ».

Les Lois de 1790 et 1791 ayant autorisé des anticipations de la part des adjudicataires, il est important de les avertir que ceux qui voudront payer, par *anticipation*, au-delà du premier dixième en numéraire, pourront imputer l'excédant sur celle qu'ils préféreront des quatre obligations ou cédules relatives aux quatre autres premiers dixièmes, au moment où ils les souscriront ; et alors cette obligation sera réduite d'autant : mais les obligations une fois souscrites, ces adjudicataires ne pourront en anticiper le paiement, qu'autant qu'elles se trouveraient encore entre les mains du Receveur des domaines, ou du Caissier général de la Trésorerie.

Les adjudicataires devront faire successivement *les fonds* du montant de chacune de leurs obligations, aux *époques fixes* de leur échéance, entre les mains du Receveur des domaines du chef-lieu du Département, qui *ne pourra s'en dessaisir* qu'en celles du porteur de chaque obligation.

« A *défaut de paiement* d'une ou plusieurs obligations (porte l'article XVI de la » Loi du 16 brumaire), le porteur ou les porteurs qui ne voudraient pas suivre » leurs actions personnelles ou en expropriation dans les formes ordinaires, ne » seront tenus, pour toutes diligences, qu'à une simple sommation au débiteur, » laquelle ils dénonceront au Commissaire du Directoire exécutif près l'Administration centrale, qui en donnera récépissé à l'Huissier ».

L'article XVII ajoute : « Dans la décade qui suivra la dénonciation au » Commissaire, ce dernier fera faire une nouvelle sommation au débiteur, avec

» déclaration que, faute de payer dans le délai de dix jours, il sera procédé à
» la *revente du bien* par lui acquis ».

Les formes de cette revente déterminées par l'article XVIII, feront l'objet
d'autres instructions.

L'expédition du procès-verbal d'adjudication, sans laquelle un adjudicataire ne peut
entrer en possession, et qui, comme on l'a ci-dessus observé, ne doit lui être
délivrée qu'après la remise de ses obligations ou cédules, *ne pourra*, à plus forte
raison, lui *être remise*, s'il ne justifie du paiement de la *première moitié du premier
dixième*, ainsi que des *frais* et du *droit d'enregistrement*, conséquemment à l'article
XIX de la Loi nouvelle, que l'on va transcrire ; et l'expédition fera *mention* de
cette justification, ainsi que de la livraison des *obligations* au Receveur des
domaines près l'Administration départementale, lequel en donnera son *récépissé*,
en tiendra registre, et en fera l'envoi à la Trésorerie nationale.

« Indépendamment des prix ci-dessus stipulés, les acquéreurs de domaines
» nationaux seront tenus (suivant l'art. XIX de la Loi du 16 brumaire) d'acquitter
» en *numéraire* le droit d'*enregistrement*, à raison de 2 *pour cent* de la moitié de
» la première mise, et de consigner entre les mains du Secrétaire général de
» l'Administration centrale, *un pour cent du prix* de la première mise, et *un quart*
» *pour cent* sur le surplus du prix, pour être distribués *entre les Administrateurs*,
» *les Employés* et *le Directeur de la régie* des domaines, de la manière prescrite
» par la Loi du 28 ventôse dernier ».

Il s'est glissé une erreur typographique dans la dernière partie de cet article ;
car il se réfère évidemment, non à la Loi du 28 ventôse, mais à celle du 6 floréal,
contenant instruction pour son exécution, qui fait seule mention des frais à la
charge des acquéreurs. C'est l'alinéa 2 du §. IV de cette dernière Loi, qui
détermine les proportions de la distribution entre les membres des Administrations
départementales, *le Commissaire du Directoire exécutif* près chacune de ces
Administrations, *le Directeur* ou *Préposé de la Régie présent* aux opérations, et
enfin les Secrétaires et Commis des mêmes Administrations.

C'est encore à la Loi du 6 floréal, an 4, qu'il faut recourir, soit relativement
aux Experts, soit par rapport au Commissaire du Directoire exécutif près l'Administration municipale de la situation du bien, dont la présence aux estimations a
été recommandée. En conformité de l'alinéa 27 du §. III de ladite Loi, *les
vacations des Experts* seront réglées par l'Administration du Département, et
payées en numéraire par l'adjudicataire, entre les mains du Secrétaire général,
en même temps que la somme à distribuer aux Administrateurs, leurs Employés et
le Préposé de la Régie. « Il sera alloué au *Commissaire*, la moitié de la *vacation*
» d'un Expert, laquelle lui sera payée de même ».

Le papier des procès-verbaux d'estimation, de ceux des premières séances

d'enchères

d'enchères et des adjudications définitives, est aussi à la charge des adjudicataires, conséquemment au susdit alinéa 2 du §. IV de la Loi du 6 floréal.

Il en sera de même de l'impression et apposition des affiches , et des bougies.

Le montant de tous ces frais, qui ne pourra être acquitté qu'en numéraire, sera fixé par l'Administration du Département, et rapporté dans le préambule du procès-verbal d'adjudication définitive.

Pour prévenir toutes difficultés de la nature de celles qui se sont élevées, d'après la Loi du 6 floréal, entre les *Employés des Administrations de Département*, par rapport *au tiers* à eux attribué dans les distributions, il est décidé que si le nombre des Employés qui, avant ladite Loi, existait dans les Bureaux du Département où l'on s'occupe de l'exécution des différentes Lois relatives aux Domaines nationaux de toute origine, ne suffit pas à l'expédition convenable des affaires, le *salaire* des Employés qui seront pris par supplément sera , conformément à la même Loi, prélevé sur le tiers dont il s'agit.

Le surplus sera réparti en *gratifications* au profit des Employés anciens et nouveaux des mêmes Bureaux, eu égard à la nature de leurs fonctions , ainsi qu'au zèle et à l'assiduité qu'ils y apporteront.

Les Employés des autres Bureaux de l'Administration centrale ne pourront prétendre à ces gratifications, qu'autant que, sans préjudicier à leur travail ordinaire, et par des sacrifices de temps et de soins, ils auront concouru à l'accélération des travaux relatifs aux Domaines nationaux.

L'article XIX de la Loi du 16 brumaire étant précis quant au droit d'*enregistrement* à acquitter par les acquéreurs des Domaines nationaux, il ne reste d'explications à donner, sous le rapport de ce droit, que relativement aux *déclarations de command.*

Il a été observé au commencement du paragraphe qui précède, que, suivant l'article IV de la Loi du 6 ventôse, an 3.°, « les déclarations d'amis ou de » commands qui ne seront pas faites dans les vingt-quatre heures , et les » reventes, seront assujetties à la perception du droit ordinaire ».

C'est cette Loi qu'il convient de suivre : on ne pourra point réclamer le bénéfice de l'article VI de la Loi du 13 thermidor, an 4.° ; car l'article IX de celle du 16 brumaire dernier, veut que les ventes soient faites sur enchères reçues de la manière réglée par les Lois antérieures à celles du 28 ventôse.

Le délai de *vingt-quatre heures* , fixé par la Loi du 6 ventôse, an 3.°, est celui passé lequel, pour ce qui regarde le droit d'enregistrement, la nomination de command n'est plus identifiée avec l'adjudication, et donne lieu, au contraire, à la perception du droit ordinaire, comme les *reventes* ou *cessions* de particulier à particulier.

D

(26)

Mais ce délai relatif au *droit*, n'exclut pas, n'abrége pas même le délai *légal* pour faire et accepter une nomination de command. Ce dernier délai est demeuré fixé à six mois, suivant le décret du 13 septembre 1791 , rapporté au paragraphe précédent avec tous les développemens nécessaires.

Jouissance des Acquéreurs.

Il a été expliqué ci-devant, n.° 8 des renseignemens à donner aux acquéreurs, quelles seraient les époques où commenceraient leurs jouissances.

Mais c'est ici le lieu de leur rappeler comment ils doivent en user jusqu'à ce que leur libération complète les ait rendus propriétaires incommutables.

L'art. XXII de la Loi du 16 brumaire, an 5 , porte : « Les acquéreurs de
» maisons, usines. bois de futaie et bois taillis, ne pourront faire *aucune coupe de*
» *bois ni démolition* avant d'avoir *soldé* le prix entier de la vente; et ce, à peine
» d'*exigibilité* de ce qui restera dû, à moins qu'ils n'en aient obtenu l'*autorisation*
» de l'Administration de Département, sur l'*avis* de l'Administration munici-
» pale ; ladite autorisation sera toujours *à la charge* de donner bonne et valable
» *caution* ».

Ces dispositions sont applicables à la *pêche des étangs*.

Les Administrations départementales rappelleront cette observation, et l'article qui précède, dans les conditions des ventes.

Les Receveurs des Domaines concourront, avec les Administrations munici-pales , à la surveillance de l'exécution desdites conditions.

Résultat des ventes.

On a vu que, d'après l'art. VIII de la Loi du 16 brumaire, et conformément à l'art. III de la même Loi, le Directoire exécutif doit se faire rendre compte successivement des produits des aliénations, et en informer le Corps législatif dès qu'ils auront suffi à compléter le montant des fonds extraordinaires.

Pour remplir le but de cet article, les Commissaires du Directoire exécutif près les Administrations centrales, tiendront registre des adjudications ; ils y annote-ront la nature du bien, sa situation, son origine, la date de l'adjudication, le nom de l'adjudicataire et son domicile, le montant de la mise à prix et celui du produit des enchères.

Ils tiendront également registre des états que les Receveurs des Domaines nationaux doivent fournir, chaque jour, à l'Administration centrale, pour indi-quer les acquéreurs qui auront fait des paiemens, le montant des sommes payées, et les valeurs dans lesquelles ces paiemens auront eu lieu, avec distinction des valeurs, sous les deux titres de numéraire et de récépissés de la Trésorerie, *causés pour effets* de la dette publique.

Ces Commissaires enverront le 1.ᵉʳ de chaque mois, au Ministre des finances, les résultats de leurs registres ; et ces résultats devront indiquer,

1.º Le nombre des ventes effectuées dans le mois précédent ;

2.º Le montant des premières mises à prix ;

3.º Celui du produit des enchères ;

4.º Le montant des sommes payées en numéraire ;

5.º Celui des effets de la dette publique remis en paiement.

Dispositions particulières aux neuf Départemens de la ci-devant Belgique.

L'ARTICLE XX de la Loi du 16 brumaire, an 5, porte : « *Les* ci-devant
» Religieux, Religieuses et autres *personnes comprises dans la suppression du Clergé*
» *régulier* dans la ci-devant Belgique, continueront à être *admis à payer* les
» Domaines qu'ils achèteront directement dans les neuf Départemens réunis par
» la Loi du 9 vendémiaire de l'an 4, avec *les Bons* qui leur sont délivrés pour
» leur tenir lieu de pension de retraite ; *l'excédant* seulement du prix qu'ils
» n'auront pas acquitté avec ces valeurs, sera payé comme il est dit ci-dessus ;
» savoir, en numéraire, obligations ou cédules, jusqu'au complément de la
» moitié de la première offre ; et le surplus, en effets de la dette publique ».

L'article XXI ajoute : « Néanmoins *les particuliers* qui ont déjà *demandé* la
» mise en vente de quelques Domaines nationaux situés dans les neuf Dépar-
» temens réunis, *ou qui* le feront *dans le mois* de la publication de la présente
» Loi, seront *admis* à la poursuivre et à en *payer* le prix, conformément aux
» dispositions de la Loi du 17 fructidor dernier, contenant des moyens pour
» accélérer la vente des Domaines nationaux dans les neuf Départemens réunis
» le 9 vendémiaire, an 4. ».

Ces dispositions essentielles sont assez précises pour n'exiger aucune explication. Il suffira de les rapprocher de l'Arrêté du Directoire exécutif, du 23 fructidor dernier, qui contient le développement des mesures prescrites par les Lois
des 15 et 17 du même mois.

Ce rapprochement devra avoir lieu également pour toutes les parties de la
présente Instruction où l'on trouvera les changemens à observer pour l'aliénation des Domaines nationaux, suivant le mode général que prescrit la Loi du
16 brumaire.

Le Commissaire spécial du Directoire exécutif chargé de surveiller les ventes dans les neuf Départemens, continuera de se conformer à l'art. XXX du d.t Arrêté du 23 fructidor : en conséquence, les Commissaires du Directoire exécutif près chacune des Administrations centrales de ces Départemens, et les Receveurs des Domaines, fourniront audit Commissaire spécial les moyens de satisfaire, vis-à-vis du Ministre des finances, aux mesures d'exécution des art. III et VIII de la Loi nouvelle, indiqués dans le paragraphe précédent, par rapport aux résultats des ventes.

Fait à Paris, le 2 frimaire, an 5 de la République française, une et indivisible.

Le Ministre des Finances :

Signé *D. V. RAMEL.*

EXTRAIT des registres des Délibérations du Directoire exécutif.

Du 12 Frimaire, an 5 de la République française, une et indivisible.

LE DIRECTOIRE EXÉCUTIF, sur le rapport du Ministre des finances, approuve l'Instruction par lui présentée sur la loi du 16 frimaire, concernant l'aliénation des Domaines, et arrête qu'elle sera imprimée, et exécutée suivant sa forme et teneur. Le présent Arrêté ne sera pas imprimé au Bulletin des Lois, et sera mis au bas de l'Instruction à laquelle il se réfère.

Signé P. BARRAS, *Président ;* par le Directoire exécutif : *le Secrétaire général,* LAGARDE.

Suit le Modèle de la Cédule.

N.º **RÉPUBLIQUE FRANÇAISE.**

Loi du 16 Brumaire de l'an 5.ᵉ, concernant l'aliénation des Domaines nationaux.

Le soussigné   demeurant à
        Acquéreur du Domaine national situé à
Département d   ayant ci-devant appartenu à
                et consistant en (une Maison, une Ferme, Terres, Prés, Vignes, Bois, &c.) s'oblige de payer dans un an, à compter de ce jour, la somme de
en capital, et de plus, l'intérêt, sur le pied de cinq pour cent sans retenue, au Caissier de la Trésorerie nationale, ou à son ordre, pour le prix de sa (1.ʳᵉ, 2.ᵉ, 3.ᵉ, 4.ᵉ) obligation, à raison de l'acquisition par lui faite dudit Domaine, par Procès-verbal de ce jour, délivré par l'Administration départementale
d

    Fait à   le   l'an   de la République française, une et indivisible.

                        L'Acquéreur :

    Vu et certifié véritable. *Le Président*   Vu et enregistré. *Le Receveur*
de l'Administration centrale du Dépar-   *des Domaines, a*
tement d

A PARIS, DE L'IMPRIMERIE DE LA RÉPUBLIQUE.
.Frimaire, an V.

Au nom de la République française.

L O I S

*SUR LES RENTES ET PENSIONS ET L'EMPLOI DES RÉCÉPISSÉS
EN PAIEMENT DES DOMAINES NATIONAUX.*

Des 15 Vendémiaire et 2 Ventose an V.

1.º *LOI relative au paiemens des arrérages de rentes et pensions
dues pour le second semestre de l'an IV, et à leur emploi en
acquisition de Domaines Nationaux.*

Du 2 Ventose an V de la République française, une et indivisible.

LE CONSEIL DES ANCIENS, adoptant les motifs de la déclaration d'urgence
qui précède la résolution ci-après, approuve l'acte d'urgence.

*Suit la teneur de la déclaration d'urgence et de la résolution
du 21 Pluviose an V :*

Le Conseil des Cinq-cents, après avoir entendu le compte qui lui a été
rendu par sa commission des dépenses de l'état des paiemens faits aux rentiers
et pensionnaires, en exécution de la loi du cinquième jour complémentaire
an IV, et celle du 15 vendémiaire an V ;

Considérant que la justice et les droits des créanciers de la République exigent
que le Corps législatif saisisse tous les moyens capables d'accélérer le paiement

N.º 9, 10.

des rentiers et des pensionnaires, et de les mettre en état de faire un emploi utile des sommes qui leur sont dues,

Déclare qu'il y a urgence;

Le Conseil des Cinq-cents, après avoir déclaré l'urgence, prend la résolution suivante:

ARTICLE PREMIER.

Le quart du second semestre de l'an IV, des arrérages des rentes et pensions, payable en numéraire aux termes de la loi du cinquième jour complémentaire an IV, pourra être employé, pour les parties qui n'auraient pas encore été acquittées, en paiement de la portion des domaines nationaux vendus ou à vendre en exécution de la loi du 16 brumaire an V, qui doit être payée en numéraire et en obligations à souscrire par les acquéreurs.

II. Les trois autres quarts dudit semestre pourront être employés en paiement de la seconde partie du prix des domaines nationaux, qui est payable en titres de créances sur la République.

III. Pour l'exécution des deux articles précédens, les rentiers et pensionnaires fourniront à la trésorerie deux quittances, l'une du quart, l'autre des trois quarts des arrérages du semestre; et il leur sera délivré en échange un récépissé du montant du quart, admissible dans la partie payable en numéraire et obligations, et un autre récépissé de la valeur des trois quarts, admissible sur la partie payable en créances sur la République.

IV. Les récépissés délivrés seront *au porteur*; ils pourront être remis en paiement pour tous acquéreurs de biens nationaux, même autres que le propriétaire de la rente. La valeur des récépissés du quart sera déduite sur la totalité de la première partie du paiement; elle réduira jusqu'à due concurrence, et proportionnellement, le montant des paiemens à faire en numéraire, et des obligations à souscrire par l'acquéreur.

V. Les rentiers et pensionnaires qui sont dans le cas d'être payés dans les départemens, remettront aux payeurs des départemens les quittances mentionnées en l'article III : lesdits payeurs leur remettront des récépissés provisoires, qui seront échangés contre des récépissés de la trésorerie, délivrés sur l'envoi des quittances.

VI. Lorsque les récépissés seront présentés en paiement des domaines nationaux, les receveurs, en cas de doute sur leur validité, pourront, avant de donner leur quittance définitive, les envoyer à la trésorerie pour être vérifiés.

VII. Les dispositions contenues aux articles précédens s'appliqueront, après le premier germinal prochain, aux arrérages dus pour le premier semestre de l'an V.

VIII. Il n'est point au surplus dérogé aux dispositions de la loi du cinquième jour complémentaire an IV et de celle du 15 vendémiaire an V, lesquelles continueront à être exécutées pour le dernier semestre de l'an IV ; et le seront pour le premier semestre de l'an V à l'égard des rentiers et pensionnaires qui préféreront de toucher en numéraire le quart des arrérages qui leur sont ou seront dus ; ils pourront néanmoins disposer des trois autres quart en la manière énoncée aux articles II, III et IV de la présente loi.

IX. Les commissaires de la trésorerie enverront, à la fin de chaque mois, au Corps législatif, l'état des sommes qu'ils auront dû réserver pour le paiement des rentes et pensions, et l'état des paiemens qui doivent balancer la recette.

X. Le montant des récépissés délivrés pour le quart en numéraire sur les acquisitions de domaines nationaux, sera déduit, mois par mois, sur le sixième des perceptions affecté auxdits rentiers et pensionnaires, d'après les états qui seront dressés par la trésorerie.

XI. La présente résolution sera imprimée.

Signé, RIOU, *président ;*

J. IZOS, HENRY FRÉGEVILLE, PERÈS (de la Haute-Garonne), *secrétaires.*

Après une seconde lecture, le Conseil des Anciens APPROUVE la résolution ci-dessus. Le 2 Ventose an V de la République française.

Signé, POULLAIN-GRANDPREY, *président ;*
MOLLEVAULT, P. CASTILHON, *secrétaires.*

Le Directoire exécutif ordonne que la loi ci-dessus sera publiée, exécutée, et qu'elle sera munie du sceau de la République. Fait au palais national du Directoire exécutif, le 2 Ventose an V de la République française.

Pour expédition conforme, *signé*, REUBELL, *président ;* par le Directoire exécutif, *le secrétaire-général,* LAGARDE ; *et scellé du sceau de la République.*

2.º *LOI portant que les commissaires de la trésorerie feront distraction du sixième net de toutes les sommes qui proviendront de la perception des revenus et contributions ordinaires, pour l'employer au paiemens des arrérages des rentes et pensions, ordonné par la loi du cinquième jour complémentaire.*

Du 15 Vendémiaire an V.

LE CONSEIL DES CINQ-CENTS, considérant qu'il importe de prévenir les difficultés qui retarderaient l'exécution de la loi du cinquième jour complémentaire an IV, concernant le paiement des rentes et pensions, et d'assurer ainsi, de plus en plus, ladite exécution,

Déclare qu'il y a urgence.

Le Conseil, après avoir déclaré l'urgence, prend la résolution suivante :

Les commissaires de la trésorerie feront, à compter de ce jour et à mesure des rentrées, distraction du sixième net de toutes les sommes qui proviendront de la perception des revenus et contributions ordinaires, soit qu'elles soit versées dans la caisse de la trésorerie à Paris ou dans celles des receveurs de départemens; ils emploieront uniquement et antièrement ledit sixième au paiement des arrérages des rentes et pensions ordonné par la loi du cinquième jour complémentaire.

La présente loi ne sera pas imprimée, elle sera portée au Conseil des Anciens par un messager d'état.

A PARIS. DE L'IMPRIMERIE DU DÉPÔT DES LOIS, PLACE DU CARROUSEL.

Et se trouve dans les villes chef-lieux de département, au bureau de correspondance du Dépôt des Lois.

Au nom de la République française.

L O I

Qui ordonne la vente des bâtimens nationaux, payables en inscriptions sur le Grand - livre de la dette publique personnelle.

Du 9 Germinal an **V** de la République française, une et indivisible.

Le Conseil des Anciens, adoptant les motifs de la déclaration d'urgence qui précède la résolution ci-après, approuve l'acte d'urgence.

Suit la teneur de la déclaration d'urgence et de la résolution du 24 ventôse :

Le Conseil des Cinq-cents, après avoir entendu le rapport de sa commission des finances, sur un message du Directoire exécutif, relatif à la vente des bâtimens nationaux, avec la faculté d'en payer le prix en inscriptions au grand-livre de la dette publique ;

Considérant qu'il s'agit d'accélérer la libération de l'Etat, en améliorant le sort de ses créanciers ,

Déclare qu'il y a urgence.

Le Conseil, après avoir déclaré l'urgence, prend la résolution suivante :

ARTICLE PREMIER.

Il sera incessamment procédé à la vente de tous les bâtimens nationaux qui ne tiennent point a des propriétés rurales, à des usines, ou qui ne servent pas à leur exploitation.

N° 9, 12.

II. Sont exceptés de la précédente disposition,

1°. Les bâtimens réservés au service public ;

2°. Les édifices dont la jouissance a été assurée aux habitans des communes et sections de communes de la république, par la loi du 11 prairial de l'an troisième ;

3°. Les bâtimens situés entre le Louvre, le Palais national et le jardin des Tuileries, la place de la Concorde, les rues Florentin et Honoré.

III. Les ventes seront ouvertes par les administrations de départemens quinzaine après l'affiche ;

Elles seront faites sur enchères reçues de la manière réglée par l'article IX de la loi du 16 brumaire dernier, et selon le mode de paiement ci-après déterminé.

IV. Les enchères seront ouvertes sur une première offre égale aux trois quarts du principal de l'évaluation des bâtimens estimés en vertu des lois précédentes.

Quant aux bâtimens non estimés, le revenu en sera fixé par des experts, et les enchères seront ouvertes sur l'offre de quinze fois le revenu.

V. Le prix des bâtimens vendus sera payable en entier en inscriptions au grand-livre de la dette publique perpétuelle ;

Le quart sera acquitté dans les dix jours de l'adjudication, et avant la prise de possession ;

Les trois quarts restant seront acquittés dans les deux mois suivans.

VI. Les inscriptions seront reçues sur le pied de vingt fois le montant de la rente.

VII. Les arrérages des inscriptions sur le grand-livre, données en paiement, cesseront de courir du premier jour du trimestre dans le courant duquel l'adjudication aura été faite.

Les adjudicataires jouiront des fruits des domaines adjugés, à compter du jour de l'adjudication.

VIII. La disposition de l'article précédent, relative au cours des arrérages des inscriptions, sera exécutée à l'égard des inscriptions qui seront données en paiement des ventes faites à l'avenir en exécution de la loi du 16 brumaire dernier.

IX. Indépendamment du prix stipulé, les adjudicataires seront tenus de payer, dans les dix jours, en numéraire, le droit d'enregistrement, qui demeure fixé à vingt centimes ou quatre sous, par cent francs, sur la totalité du prix, et à cinq centimes, ou un sou par cent francs, pour tenir lieu des frais de la vente et attribution des fonctionnaires et employés qui sont chargés d'y procéder.

X. Faute de paiement dans les délais indiqués, les bâtimens seront vendus dans les formes de la première vente, à la diligence du commissaire du Directoire exécutif près l'administration centrale, en se conformant aux troisième et quatrième dispositions de l'article XVIII de la loi du 16 brumaire dernier.

XI. Les commissaires de la trésorerie nationale seront tenus de publier tous les mois l'état des inscriptions données en paiement des bâtimens qui seront vendus en exécution de la présente loi.

Ils publieront aussi l'état des inscriptions et autres effets de la dette publique qui se trouveront anéantis par les ventes faites en exécution de la loi du 16 brumaire dernier.

XII. La présente résolution sera imprimée.

Signé P. A. LALOI, *président* ;
BACHELOT, DESMOLIN, COLOMBEL, (de la Meurthe) HOURIER-ELOY, *secr*.

Après une seconde lecture, le Conseil des Anciens approuve la résolution ci-dessus. Le 9 germinal an V de la république française.

Signé J. F. B. DELMAS, *président* ;
RICHOU, DELCHER, *secrétaires*.

Le Directoire exécutif ordonne que la loi ci-dessus sera publiée, exécutée, et qu'elle sera munie du sceau de la République.

Fait au Palais national du Directoire exécutif, le 9 germinal an V de la République française, une et indivisible.

Pour expédition conforme, *signé* REUBELL, *président* ;
par le Directoire exécutif, *le secrétaire général*, LAGARDE ;
et scellée du sceau de la République.

A PARIS, de l'Imprimerie du Dépôt des Lois, place du Carrousel.

Et se trouve dans les villes chef-lieux de département, au bureau de correspondance du Dépôt des Lois.

Au nom de la République française.

L O I

Relative aux fonds nécessaires pour les dépenses générales ordinaires et extraordinaires de l'an VI.

Du 9 Vendémiaire an VI de la République française, une et indivisible.

LE CONSEIL DES ANCIENS, adoptant les motifs de la déclaration d'urgence qui précède la résolution ci-après, approuve l'acte d'urgence.

Suit la teneur de la Déclaration d'urgence et de la Résolution du premier jour complémentaire an V.

Le Conseil des Cinq-cents, après avoir entendu le rapport de la commission des finances et des dépenses sur les messages du Directoire exécutif des 19 et 23 du mois dernier;

Considérant que la défense extérieure de la République, le maintien de l'ordre dans l'intérieur, le traitement des fonctionnaires et salariés publics, le sort des rentiers, des pensionnaires, les récompenses dues aux défenseurs de la patrie, et le rétablissement du crédit public, nécessitent d'un côté qu'on arrête l'état des dépenses que ces différens objets exigent, et de l'autre, qu'on assure la rentrée et la disponibilité des fonds nécessaires pour y faire face; que c'est de cette balance que dépend le succès des mesures à employer pour obtenir une paix glorieuse et assurer toutes les parties du service du trésor public;

Considérant que les circonstances ne furent dans aucun temps ni plus urgentes ni plus impérieuses, pour arriver à ce résultat,

Déclare qu'il y a urgence.

Le Conseil, après avoir déclaré l'urgence, prend la résolution suivante :

N.º 9, 10, 11.   A

TITRE PREMIER.

Contributions directes.

ARTICLE PREMIER.

L'état des fonds nécessaires pour les dépenses générales, ordinaires et extraordinaires de l'an VI, demeure provisoirement fixé à la somme de six cent seize millions.

II. La contribution foncière est réduite, pour l'an VI, à deux cent vingt-huit millions en principal; et en recette effective, déduction faite de la contribution des domaines nationaux, à deux cent cinq millions.

III. La contribution mobiliaire, personnelle et somptuaire est réduite, pour la même année, à cinquante millions.

IV. La somme mentionnée dans l'article premier, sera prise sur le produit :

1.º De la contribution foncière..	205,000,000 fr.
2.º De la contribution mobiliaire, personnelle et somptuaire.............	50,000,000
3.º De l'enregistrement...	70,000,000
4.º Du timbre..	16,000,000
5.º Des hypothèques..	8,000,000
6.º Des patentes...	20,000,000
7.º Des douanes..	9,000,000
8.º Des postes et messageries..	14,000,000
9.º Du droit de passe sur les chemins..................................	20,000,000
10.º De la marque d'or et d'argent.....................................	500,000
11.º Des poudres et salpêtres..	500,000
12.º Du revenu des forêts, salines et canaux...........................	30,000,000
13.º Des revenus des domaines nationaux................................	20,000,000
14.º Des ventes des domaines...	20,000,000
15.º Augmentation de droits sur les tabacs venant de l'étranger........	10,000,000
16.º Des loteries..	12,000,000
17.º Des créances sur des puissances étrangères........................	10,000,000
18.º Des rescriptions bataves..	15,000,000
19.º D'une réserve sur les contributions de l'an V, années antérieures et dettes actives du trésor public...................................	87,000,000
TOTAL...	616,000,000 fr.

V. Afin d'arriver à l'époque à laquelle les recettes et les dépenses journalières pourront se balancer, il sera prélevé une somme de cent millions sur les contributions directes de l'an VI, ainsi qu'il sera dit ci-après.

VI. Les lois rendues sur les contributions foncière et personnelle de l'an V, régleront de même celles de l'an VI.

La réduction réglée par les articles II et III, s'opérera, savoir : sur la contribution foncière, par la déduction d'un sou par livre; et sur la contribution mobiliaire, personnelle et somptuaire, par la déduction du dixième sur le montant des quotes des contribuables, au fur et à mesure et dans la proportion des paiemens qui s'effectueront sur chacune de ces contributions.

VII. Les plus imposés de chaque commune, jusqu'à concurrence de la moitié des contribuables, seront tenus d'acquitter, d'ici au premier nivose prochain, la moitié du montant de leur contribution foncière de l'an VI; les autres contribuables seront tenus d'en acquitter le quart dans le même délai : le surplus sera payé par portions égales dans les neuf mois suivans.

VIII. Les contributions directes de l'an V seront acquittées sur les rôles provisoires existans, jusqu'à concurrence des quatre-cinquièmes, sauf l'imputation sur la contribution foncière de l'an VI, de l'excédant ou plus-payé, qui sera constaté par le rôle définitif de l'an V.

IX. Les contributions directes de l'an V, mentionnées dans l'article précédent, et tout l'arriéré des exercices antérieurs, seront soldés dans les mois de vendémiaire et brumaire prochains.

X. Les percepteurs des communes, les receveurs de département et les préposés, sont respectivement déclarés responsables de la non-rentrée des sommes mentionnées dans les articles précédens, et aux époques qui y sont indiquées; ils seront contraints, par la vente de leurs biens, à remplacer les sommes pour le recouvrement desquelles ils ne justifieront point avoir fait les diligences de droit dans la décade de l'échéance.

XI. Les rôles définitifs des contributions directes de l'an V, seront achevés avant le premier frimaire prochain; ils serviront à l'acquit des mêmes contributions pour l'an VI, sauf la remise proportionnelle du sou pour livre et du sixième, mentionnés dans l'article VI.

XII. Les répartiteurs et les administrations municipales sont, chacun en ce qui les concerne, personnellement responsables de la formation des rôles dans les délais prescrits; à défaut de ce, les administrations centrales de département nommeront des commissaires, qui procéderont à la formation desdits rôles, aux frais des répartiteurs et des membres des administrations municipales en retard.

Les dispositions de la loi du 17 brumaire an V, auxquelles il n'est pas dérogé par la présente, continueront à être exécutées.

XIII. Les recettes ordinaires et extraordinaires de l'an VI serviront uniquement à acquitter les dépenses ordinaires et extraordinaires de la même année. Il sera, à cet effet, ouvert à la trésorerie nationale, de nouveaux registres le premier vendémiaire prochain.

L'arriéré des contributions de toute nature, dettes actives du trésor public, déduction faite des quatre-vingt-sept millions compris dans l'état de la recette de l'an VI, serviront à acquitter l'arriéré de la dépense, en donnant la préférence à la solde arriérée et à ce qui reste dû pour le quart du premier semestre des pensions de l'an V; les registres actuellement existans continueront de servir aux recettes et dépenses antérieures à la même époque.

TITRE II.

Enregistrement.

XIV. Les droits d'enregistrement des actes dont les prix et sommes ont été stipulés en assignats ou en mandats, et de ceux faits pendant le cours de ces papiers, dont les prix et sommes n'ont pas été spécifiés soit en numéraire, soit en papier-monnaie, seront perçus en numéraire, et liquidés d'après la valeur qu'avaient lesdits papiers à la date des actes, suivant le tableau de dépréciation arrêté par l'administration centrale du département, en exécution de la loi du 5 messidor dernier.

Il en sera de même des actes de ces espèces, dont la liquidation des droits aurait été suspendue lors de l'enregistrement, depuis l'extinction du papier-monnaie.

XV. Le droit d'enregistrement des contrats de vente de biens nationaux soumissionnés en vertu de la loi du 28 ventose an IV, qui ne sont point encore passés, ou qui ne l'ont été que postérieurement à l'extinction du papier-monnaie, sera liquidé sur les trois quarts du prix payable en mandats, suivant la base prescrite par l'article précédent, et d'après la valeur qu'avaient les mandats à l'époque de la soumission.

Toute liquidation qui aurait été suspendue, sera faite de la même manière.

XVI. Le droit d'enregistrement des donations et autres actes entre-vifs, à titre gratuit, et des mutations par décès, *d'immeubles réels*, sera perçu suivant les quotités ci-après, quelle que soit l'époque de la mutation, sans préjudice néanmoins de la prescription ; savoir :

Pour les actes entre-vifs, à titre gratuit.

En ligne directe, un pour cent ;

Entre maris et femmes, un et demi pour cent ;

Entre frères, sœurs, oncles, tantes, neveux et nièces, trois pour cent ;

Entre toutes autres personnes, quatre pour cent.

Pour les mutations par décès.

En ligne directe, un demi pour cent ;

Entre maris et femmes, un pour cent ;

Entre frères, sœurs, oncles, tantes, neveux et nièces, trois pour cent ;

Entre toutes autres personnes, quatre pour cent.

XVII. Il sera payé moitié des droits réglés par l'article précédent ;

1.° Pour les donations et pour les mutations par décès d'usufruits *d'immeubles réels.*

La liquidation du droit se fera sur la valeur entière des biens.

2.° Pour les donations et pour les mutations par décès *d'immeubles fictifs.*

L'usufruit de ces derniers ne sera assujetti qu'à la moitié des droits fixés pour lesdits immeubles fictifs.

XVIII. Les droits des donations de sommes et d'effets mobiliers, ainsi que ceux des déclarations à faire par les époux survivans d'objets de cette nature, seront perçus sur le pied ci-après ; savoir :

En ligne directe et entre époux, demi pour cent ;

Entre toutes autres personnes, un et demi pour cent.

XIX. Les transmissions d'immeubles réels ou fictifs, ou d'objets mobiliers, à titre entre-vifs, qui s'opéreront en faveur et par contrat de mariage, ne seront soumises qu'à la moitié des droits réglés par l'article XVI ci-dessus, pour les donations entre vifs, et par l'article XVII suivant, s'il ne s'agit que d'un usufruit.

XX. Le droit dû, suivant la loi du 27 août 1792, pour les mutations par décès et les donations entre-vifs d'actions ou coupons sur des compagnies ou sociétés d'actionnaires, sera payé, à dater de la publication de la présente, sur le pied réglé pour les immeubles fictifs.

XXI. L'estimation en capital des immeubles réels échus aux héritiers, légataires ou donataires, sera porté à vingt-deux fois le prix annuel des baux ou du revenu dont sont susceptibles les objets non affermés.

Il en sera de même des rentes foncières stipulées en denrées.

L'évaluation des autres rentes subsistera telle qu'elle est réglée par l'article X de la loi du 14 thermidor an IV.

L'estimation des maisons et bâtimens autres que ceux servant à l'exploitation des biens ruraux, et dont la valeur se confond avec celle des terres sur lesquelles ils sont assis, sera de dix-huit fois le prix annuel des baux, ou la valeur locative.

XXII. S'il y a insuffisance dans l'estimation des immeubles, déclarés ou évalués pour régler les droits, la preuve en sera établie par des pièces et actes propres à faire connaître le véritable revenu ou la valeur en capital.

A défaut d'acte, la régie est autorisée à requérir une expertise, dont les frais resteront à la charge de la partie qui succombera.

La peine d'une fausse estimation constatée continuera d'être d'un droit en sus de celui qui sera dû sur le supplément de valeur.

Les omissions dans les déclarations continueront aussi d'être assujéties à ladite peine du droit en sus.

XXIII. Ceux qui auraient fait des omissions ou des estimations insuffisantes dans leurs déclarations, antérieurement à la publication de la présente, seront admis à les réparer sans être assujétis à aucune peine, pourvu qu'ils en fournissent la déclaration et en acquittent les droits dans les trois mois de ladite publication.

Ce délai passé, la peine prononcée par la loi du 19 décembre 1790, leur restera appliquée s'ils n'ont pas fait leurs déclarations et rectifié les estimations insuffisantes.

XXIV. Il est accordé aux héritiers, légataires ou donataires qui n'ont pas fait dans les délais prescrits les déclarations des biens qui leur sont échus, un délai de trois mois, à partir du jour de la publication de la présente, pour y satisfaire, sans être assujétis à aucune peine; le délai expiré, ceux qui n'auront pas fourni leurs déclarations y seront contraints, tant pour les droits dûs que pour la peine prononcée par la loi du 19 décembre 1790.

Ce délai sera double pour les défenseurs de la patrie en activité de service, et pour les héritiers des condamnés et des déportés, dont les biens avaient été confisqués ou séquestrés;

Il sera d'une année pour les biens que l'on justifiera, par certificats des municipalités, avoir été ravagés ou incendiés par la guerre intérieure ou extérieure; et il ne sera perçu à leur égard que la moitié des droits fixés pour les mutations par décès qui auront eu lieu jusqu'au jour de ladite publication.

XXV. Les héritiers des condamnés seront admis à donner en paiement des droits d'enregistrement des déclarations qu'ils ont à passer, les bons qui leur ont été ou seront délivrés en exécution de la loi du 21 prairial an III, pour intérêts ou fruits perçus, ou pour capitaux reçus par la République sur les successions qui leur ont été restituées.

Les héritiers des déportés auront la même faculté.

XXVI. Tout acte de partage de biens immeubles qui sera fait entre quelques personnes que ce soit, sera assujéti au droit proportionnel d'enregistrement, à raison d'un demi pour cent de l'estimation qui en sera faite en capital, ainsi qu'il en est usé pour les partages de biens mobiliers.

Il ne sera plus fait déduction sur les droits résultant des partages d'effets mobiliers, de la perception faite sur les inventaires où ils auraient été compris.

Loi du 9 Vendémiaire an VI. N.º 568.   A 3

XXVII. À compter du premier brumaire, et quelle que soit la date de la mutation, le droit d'enregistrement des transferts des inscriptions sur le grand-livre de la dette publique, sera d'un pour cent de la somme exprimée dans l'inscription.

Le droit ne sera que d'un demi pour cent pour les transferts d'inscription viagère.

Quant aux autres mutations desdites inscriptions, le droit sera payé, à partir de la même époque, suivant les quotités établies par les articles XVI et XVII ci-dessus pour les immeubles fictifs; il sera également perçu sur le montant annuel de la rente, sans égard au capital.

XXVIII. Tout acte d'emprunt pour acquitter le prix d'acquisition de biens nationaux sera soumis au droit proportionnel d'enregistrement, suivant le tarif du 19 décembre 1790. Il est en conséquence dérogé à cet égard, comme il l'a été pour les ventes desdits biens par la loi du 14 thermidor an IV, à la loi du 6 ventose an III.

XXIX. Le droit d'enregistrement des quittances finales et de tous actes de délibération, sera perçu sur la totalité des sommes acquittées, dont le dernier paiement fera partie, à la seule déduction de ce qui sera justifié avoir été payé par actes enregistrés.

XXX. Tout acte sous signature privée, translatif de propriété ou d'usufruit d'immeubles réels ou fictifs, sera soumis à la formalité de l'enregistrement dans les trois mois du jour de sa date, et avant qu'il puisse en être fait usage en justice ou devant quelque autre autorité constituée, ou devant notaire, à peine du triple droit.

À l'égard de ceux faits antérieurement à la publication de la présente, il n'est rien changé aux dispositions de la loi du 19 décembre 1790 qui les concernent : cependant ceux qui seront présentés à l'enregistrement dans les trois mois de ladite publication, seront exempts de la peine du droit en sus prononcé par ladite loi.

Passé ce délai, ceux desdits actes qui seraient d'une date antérieure au premier février 1791, ne seront plus admis au simple droit d'enregistrement; en conséquence il est dérogé, quant à ce, à la disposition de l'article XXIII de ladite loi du 19 décembre 1790, qui les exempte, sans limitation de temps, de la peine du droit en sus.

XXXI. Les actes sous signature privée ne pourront être produits en justice, et il ne pourra en être fait aucun usage devant les bureaux de paix ou de conciliation, non plus que devant les administrations centrales et municipales, avant d'avoir été enregistrés.

Les secrétaires des administrations seront soumis à cet égard aux mêmes obligations et aux mêmes peines que les greffiers et les notaires.

XXXII. À compter de la publication de la présente, toute contre lettre qui serait faite sous signature privée, de laquelle il résulterait une augmentation du prix stipulé dans d'autres actes ou contrats, est déclarée nulle et de nul effet; néanmoins il y aura lieu à exiger, à titre d'amende, les droits simples sur les sommes qui feraient l'objet desdites contre-lettres, lorsque la connaissance en sera acquise.

Il n'est rien innové pour celles faites antérieurement à la publication de la présente, lesquelles demeureront soumises aux dispositions qui leur sont relatives dans le tarif annexé à la loi du 19 décembre 1790.

XXXIII. La mutation d'un immeuble en propriété ou usufruit sera suffisamment établie relativement à la demande des droits, soit d'après les paiemens faits d'après les rôles de la contribution foncière, soit par des baux passés par le nouveau possesseur, soit enfin par des transactions ou tous autres actes qui constateront sa propriété ou jouissance.

XXXIV. Tout nouveau possesseur d'immeubles réels ou fictifs, qui, après avoir laissé passer le délai fixé pour l'enregistrement de sa déclaration, agira en sa qualité de possesseur, soit en justice, soit devant quelque autre autorité constituée, ou devant notaire, sera contraint au paiement du double droit d'enregistrement.

XXXV. Les marchés et traités composés de sommes déterminées et d'objets mobiliers désignés, susceptibles d'évaluation, dont il est question au septième article de la seconde section de la première classe du tarif du 19 décembre 1790, seront assujétis au droit d'un pour cent, fixé par la quatrième section de la même classe.

XXXVI. Il est dérogé à l'article V de la loi du 9 octobre 1791 : en conséquence, toutes citations faites devant les juges de paix ou bureaux de paix, sans distinction de celles faites par les huissiers, ou par les greffiers, sont assujéties à l'enregistrement dans les quatre jours qui suivront celui de leur date, et elles seront soumises au droit de 75 centimes, fixé par la troisième section de la troisième classe du tarif annexé à la loi du 19 décembre 1790.

XXXVII. Les jugemens préparatoires ou définitifs, rendus par les juges de paix, les tribunaux civils, ceux du commerce et le tribunal de cassation, et tous actes généralement quelconques faits par les juges ou reçus aux greffes, même les actes et les certificats des bureaux de paix, de quelque nature qu'ils soient, seront enregistrés, soit sur les minutes, soit sur les expéditions, d'après les distinctions contenues dans les articles XXXVIII et XLI suivans. Il est en conséquence dérogé à toutes les lois portant que quelques-uns de ces jugemens ou actes soient exempts de la formalité de l'enregistrement.

XXXVIII. Les actes judiciaires soumis à l'enregistrement sur la minute, sont tous ceux qui contiennent transmission d'immeubles réels ou fictifs; les cautionnemens, les actes d'apposition de scellés; ceux de reconnaissance et ceux de levée de scellés; les inventaires, les nominations de tuteurs ou curateurs, les émancipations, les procès-verbaux de nomination d'experts ou arbitres; les certificats, de quelque nature qu'ils soient, même ceux de non-comparution; les affirmations de voyage, les procès-verbaux d'assemblées de famille, les actes de dépôt et consignations; les entérinemens de procès-verbaux contenant autorisation, opposition, acquiescement, acceptation ou répudiation.

Cet enregistrement sera fait dans le délai de deux décades, à compter de la date des actes, et ce à la diligence des greffiers; après ce délai, la formalité ne pourra plus être donnée qu'en acquittant un droit en sû.

XXXIX. Les greffiers qui n'auraient pas reçu des parties ou de leurs défenseurs le montant des droits des actes rappellés dans l'article précédent, ne seront cependant pas tenus d'en faire l'avance; mais ils ne pourront délivrer aucune expédition ni extrait desdits actes et jugemens, même par simple copie ou *duplicata*, avant qu'ils aient été enregistrés, à peine d'une amende de cinquante francs pour chaque contravention, et d'être contraints personnellement au paiement du droit.

XL. Lorsque les greffiers n'auront pas reçu la somme nécessaire pour acquitter les droits, et qu'ils ne présenteront pas les actes à la formalité dans les deux décades, à compter de leur date, ils seront tenus, sous les mêmes peines, de remettre aux receveurs de l'enregistrement, dans la décade suivante, un extrait certifié des actes et jugemens: sur cet extrait, les parties à la poursuite desquelles lesdits actes judiciaires auront été faits, seront contraintes au paiement des droits.

XLI. Les jugemens et tous autres actes judiciaires non rappellés dans l'article XXXVIII ci-dessus, et dans le XLVI ci-après, ne seront sujets à l'enregistrement que sur les expéditions qui en seront demandées par les parties; mais il est défendu aux greffiers d'en délivrer aucune, même par simple note ou extrait, avant qu'elles aient été enregistrées, à peine d'une amende de cinquante francs pour chaque contravention, et d'être personnellement contraints au paiement du droit.

XLII. Les expéditions des jugemens des tribunaux de police ordinaire ou correctionnelle, et de ceux des tribunaux criminels, seront aussi soumises à la formalité de l'enregistrement, sous les peines portées par l'article précédent, lorsquelles seront requises par les parties : il n'y aura d'exemptes que celles qui seront délivrées aux accusateurs publics et aux commissaires du Directoire exécutif; et, à cet effet, il y sera fait mention de cette destination.

A 4

XLIII. Les actes du ministère des commissaires du Directoire exécutif, faits à leur requête dans les tribunaux civils ou criminels, seront enregistrés *gratis* ; mais après le jugement de condamnation, il y aura lieu de suivre la rentrée des droits d'enregistrement desdits actes et des expéditions, contre les parties condamnées.

XLIV. Les droits proportionnels réglés par la première section de la première classe du tarif du 19 décembre 1790, pour les expéditions des jugemens portant condamnation, liquidation ou collocation, et les droits fixes énoncés aux quatrième et cinquième sections de la troisième classe, pour les autres actes judiciaires, seront perçus, pour les actes et jugemens des juges de paix et des bureaux de paix, comme aussi pour ceux des tribunaux de police ordinaire ou correctionnelle et des tribunaux criminels, sur le pied des fixations portées auxdites sections.

La perception sera double pour les jugemens et actes de même nature émanés des tribunaux civils et de commerce.

Le droit sera de 24 francs pour les expéditions des jugemens du tribunal de cassation.

XLV. Lorsque le droit proportionnel aura été perçu sur un jugement rendu *par défaut*, la perception sur le jugement *contradictoire* qui pourra suivre n'aura lieu que pour le supplément, s'il y a augmentation de condamnation ; et dans le cas contraire, il ne sera payé que le droit *fixe*.

XLVI. Dans le cas où les actes et jugemens des juges de paix et bureaux de paix, des tribunaux civils et de commerce, contiendraient obligation de l'une des parties à l'égard de l'autre, ou une condamnation quelconque, non fondée sur un titre enregistré et susceptible de l'être, il sera perçu les mêmes droits que ceux auxquels seraient soumises les obligations des parties ou les conventions de toute nature que les condamnations supposent, si elles étaient contenues dans des actes notariés.

Cette perception aura lieu sur la minute des actes ou jugemens, dans les deux décades de leur date.

XLVII. Toutes les fois qu'une condamnation sera rendue sur un acte enregistré, le jugement en fera mention, et énoncera le montant du droit payé, la date du paiement, et le nom du bureau où il aura été acquitté. En cas d'omission, le percepteur exigera le droit, sauf la restitution dans le délai prescrit, s'il est ensuite justifié de l'enregistrement de l'acte sur lequel aura été prononcé le jugement.

XLVIII. Les parties ne pourront agir, ni les huissiers, notaires, greffiers et secrétaires des administrations, rédiger aucun acte en vertu de ceux judiciaires non enregistrés, sous peine de 50 francs d'amende et du paiement du droit, sauf le recours des huissiers, notaires, greffiers et secrétaires contre la partie, pour le remboursement du droit seulement.

XLIX. Les secrétaires des administrations municipales et départementales, qui auront négligé de faire enregistrer dans le délai d'un mois, fixé par l'article XIII de la loi du 19 décembre 1790, des actes émanés desdites administrations, qui sont assujétis à cette formalité, seront soumis à la même peine que celle qui est prononcée contre les notaires par l'article IX de la même loi, pour les actes passés devant eux.

L. L'amende de 50 francs prononcée par l'article XIV de la loi du 19 décembre 1790, contre les notaires, greffiers et huissiers, pour chaque omission d'inscrire jour par jour à leurs répertoires les actes qu'ils reçoivent, sera aussi par eux encourue pour le refus de communiquer, soit leurs répertoires, soit leurs minutes de l'année, aux préposés de l'enregistrement, à la première réquisition qui leur en sera faite.

LI. Les droits d'hypothèques résultant d'actes passés pendant le cours du papier-monnaie, et qui se trouvent dans les cas prévus par l'article XIV ci-dessus, seront liquidés et payés d'après les dispositions de cet article, et suivant la même base.

LII. Les droits d'enregistrement ne pourront être acquittés qu'en numéraire, à l'exception seulement de ceux dûs pour les successions, dont il est fait mention à l'article XXV ci-dessus.

LIII. Les dispositions des lois antérieures, relatives à l'enregistrement, auxquelles il n'est pas expressément dérogé par la présente, continueront d'être exécutées.

TITRE III.

Timbre.

LIV. A compter du jour de la promulgation de la loi, la formalité du timbre fixe ou de dimension, établie par la loi du 5 floréal dernier, est étendue aux pétitions et mémoires présentés, soit aux ministres, soit aux administrations de département et municipalités, ainsi qu'à la trésorerie et comptabilité nationale et aux directeurs de la liquidation.

LV. Sont exceptés de la formalité du timbre les pétitions et mémoires qui auront pour objets les demandes en avancement, congés absolus ou limités, pensions de retraite, paiemens des arrérages de rentes et pensions, secours et encouragemens, et première demande en réparations de torts occasionnés par une autorité constituée ou un fonctionnaire public.

LVI. Les lettres de voiture, les connaissemens, chatte - parties et police d'assurance, les cartes à jouer, les journaux, gazettes, feuilles périodiques ou papiers-nouvelles, les feuilles de papier-musique, toutes les affiches autres que celles d'actes émanés d'autorité publique, quelle que soit leur nature ou leur objet, seront assujétis au timbre fixe ou de dimension.

LVII. Sont exceptés les ouvrages périodiques relatifs aux sciences et aux arts, ne paraissant qu'une fois par mois, et contenant au moins deux feuilles d'impression.

LVIII. Le droit de timbre fixe ou de dimension pour les journaux et affiches, sera de cinq centimes (ou un sou) pour chaque feuille de vingt-quatre centimètres sur trente-huit, feuilles ouvertes, ou environ.

Et pour chaque demi-feuille de cette dimension, trois centimes, (ou sept deniers un cinquième.)

Ceux qui voudront user pour lesdites impressions de papier dont la dimension serait supérieure à vingt-cinq centimètres pour la feuille, et à douze centimètres et demi pour la demi-feuille, les feront timbrer extraordinairement, en payant un centime pour cinq centimètres d'excédant.

Le papier sera fourni, dans tous les cas, par les citoyens auxquels il sera nécessaire.

LIX. La régie fera graver deux timbres pour lesdits journaux et affiches.

Chaque timbre portera distinctement son prix; ils auront pour légende : *République Française*. Elle se servira provisoirement des timbres actuels appliqués en rouge, à la charge de ne percevoir que les droits réglés par la présente.

LX. Ceux qui auront répandu des journaux ou papiers-nouvelles et autres objets compris dans l'article LVI ci-dessus, et apposé ou fait apposer des affiches sans avoir fait timbrer leur papier, seront condamnés à une amende de cent livres pour chaque contravention; les objets soustraits aux droits seront lacérés.

LXI. Les auteurs, afficheurs, distributeurs et imprimeurs desdits journaux et affiches, seront solidairement tenus de l'amende, sauf leur recours les uns contre les autres.

TITRE IV.

Hypothèques.

LXII. Il sera établi, au profit du trésor public, et perçu par les receveurs de l'enregistrement,

1.º Un droit proportionnel calculé à raison d'un pour deux mille du montant des créances hypothécaires antérieures à l'entière mise en activité du régime hypothécaire, et dont l'inscription sera requise pour en obtenir la conservation ; et à raison d'un pour mille du montant de celles postérieures.

2.º Un autre droit proportionnel d'un et demi pour cent sur le prix intégral des mutations que les nouveaux possesseurs voudront purger d'hypothèques.

TITRE V.

Patentes.

LXIII. Les droits de patente pour l'an VI, seront perçus conformément aux lois rendues pour l'an V, et payés aux mêmes échéances qu'elles prescrivent.

TITRE VI.

Poste aux Lettres.

LXIV. La poste aux lettres sera affermée; l'usage du contre-seing et de la franchise est supprimé, à compter du premier brumaire prochain, excepté pour le bulletin des lois. Il sera accordé des indemnités aux différens fonctionnaires publics.

TITRE VII.

Messageries.

LXV. Au premier nivose prochain, la régie des messageries nationales cessera toutes fonctions.

LXVI. Dans le délai de deux mois, à dater de la publication de la présente, il sera procédé, par enchères et par affiches faites un mois d'avance, à la vente et adjudication de tous les effets mobiliers dépendans des messageries nationales, et à la location des maisons et bureaux servant à leur exploitation.

LXVII. Si par la suppression de l'entreprise nationale des messageries, une ou plusieurs communications dans la République étaient menacées d'interruption, le Directoire exécutif y pourvoira par les mesures provisoires qui lui paraîtront les plus convenables, à charge d'en informer le Corps législatif.

Il est à cet effet autorisé à distraire de la vente des objets mobiliers, dépendans des messageries nationales, ceux qu'il jugera nécessaire de conserver.

LXVIII. A compter du premier brumaire prochain, il sera perçu au profit du trésor public, un dixième du prix des places dans les voitures exploitées par des entrepreneurs particuliers. Il ne sera rien perçu sur les effets et marchandises portés par lesdites voitures, ni sur les places établies sur l'impériale.

LXIX. Tout citoyen qui entreprendra des voitures publiques, de terre ou d'eau, partant à jour et heure fixes, et pour des lieux déterminés, sera tenu de fournir aux préposés de la régie d'enregistrement, sa déclaration, contenant,

1.º L'énonciation de la route ou des routes que sa voiture ou ses voitures doivent parcourir ;

2.º L'espèce, le nombre des voitures qu'il emploiera, et la quantité de places qu'elles contiennent dans l'intérieur de la voiture et du cabriolet qui y tiendrait ;

3.º Le prix de chaque place, par suite de laquelle déclaration lesdites voitures seront vérifiées, inventoriées et estampées.

LXX. Tout entrepreneur de voitures suspendues, partant d'occasion ou à volonté, sera tenu de fournir la déclaration de sa voiture ou de ses voitures, et de payer chaque année, pour tenir lieu du dixième imposé sur les autres voitures publiques, ainsi qu'il suit ;

Pour une voiture,
- à 2 roues et deux places. . . . . 10 francs.
- à 2 roues et quatre places. 35
- à 2 roues et six places. 45
- à 2 roues et huit places 60
- à 2 roues, à neuf places et au-dessus. 70
- à 4 roues et à quatre places. 40
- à 4 roues et six places. 50
- à 4 roues et huit places. 65
- à 4 roues, à neuf places et au-dessus 75

LXXI. Le calcul du produit de chaque voiture sera fait dans la supposition que toutes les places seraient occupées : l'entrepreneur sera tenu de verser chaque décade, au receveur du droit d'enregistrement, le dixième de ce produit, sous la déduction abonnée par la présente loi, d'un quart, pour tenir lieu d'indemnités pour les places vuides que pourraient éprouver lesdites voitures.

LXXII. Tout entrepreneur convaincu d'avoir omis de faire sa déclaration, ou d'en avoir fait une fausse, sera condamné à la confiscation des voitures, harnois, et à une amende qui ne pourra être moindre de 100 francs, et plus forte de mille francs.

LXXIII. Quant aux voitures d'eau, la régie de l'enregistrement est autorisée à régler leur abonnement, d'après le nombre moyen des voyageurs qu'elles transportent annuellement ; et dans le cas de contestation ou de difficulté sur la quotité de cet abonnement, le ministre des finances prononcera.

TITRE VIII.

Droit de passe sur les chemins.

LXXIV. La taxe d'entretien destinée aux réparations et confections des grandes routes, sera perçue sur toutes les voitures employées au transport ou roulage, sur les voitures de voyage suspendues et non suspendues, sur les bêtes de somme et de monture, et sur les chevaux ou mulets menés à la main ou voyageant en bandes, le tout, sauf les modifications et exceptions qui seront jugées convenables, et statuées par les lois à intervenir.

LXXV. Seront exemptes de payer la taxe d'entretien, les bêtes allant au pâturage ou revenant, les bêtes et voitures allant et revenant pour le travail de l'exploitation des terres, ainsi que les voitures de transport, lorsqu'elles seront employées aux travaux d'entretien, réparation et confection des routes.

LXXVI. La taxe d'entretien sera perçue, au moyen des barrières et bureaux placés sur les grandes routes; elle sera due à raison des distances parcourues ou à parcourir : les distances seront réduites en myriamètres.

LXXVII. La taxe d'entretien sera réglée par un tarif qui sera incessamment décrété par le Corps législatif.

LXXVIII. Dès que les circonstances le permettront, chaque barrière sera affermée par la voie des enchères, à la charge d'entretenir la portion de route fixée par le cahier des charges, sous les conditions particulières que les localités pourront exiger, et moyennant le prix annuel de ferme fixé par la plus haute enchère.

LXXIX. Jusqu'à l'époque où les barrières établies pourront être affermées, elles seront régies pour le compte de la République, sous les ordres du Directoire exécutif, sous la surveillance des administrations centrales de département, et par les règles qui auront été décrétées par le Corps législatif.

LXXX. Les fonds provenant de la taxe d'entretien, perçus dans l'étendue d'un département, seront versés dans la caisse du receveur-général du département.

LXXXI. L'administration de la taxe d'entretien est réunie aux attributions du ministre de l'intérieur; il ordonnancera la distribution des fonds provenant de ladite taxe, pour acquitter les dépenses causées par l'entretien, les réparations, les confections et l'administration des grandes routes, sans que, sous aucun prétexte, il puisse être donné aucune autre destination à ces fonds; à l'effet de quoi les commissaires de la trésorerie sont tenus de refuser leur *visa* à toute ordonnance contraire à la présente disposition.

LXXXII. En cas d'insuffisance de la taxe perçue dans un département pour acquitter les dépenses de ses routes, il y sera pourvu par des reprises sur les départemens qui auraient obtenu des produits excédant les besoins de leur arrondissement.

LXXXIII. Les barrières et bureaux ne seront établis que successivement, et seulement sur les routes ou parties de route préalablement mises en bon état de réparation; les premières seront placées aux avenues de la commune de Paris, d'où elles s'étendront graduellement jusqu'aux barrières des frontières.

LXXXIV. Les barrières à établir seront réduites au moindre nombre possible. Le Directoire exécutif est chargé de faire procéder à la désignation des lieux où elles devront être placées, et au devis des dépenses nécessaires, tant pour la construction des barrières que pour les loges ou maisons destinées aux percepteurs.

LXXXV. Il ne sera construit des maisons d'habitation pour les percepteurs, que dans le cas où les barrières se trouveraient placées à une distance des communes situées sur les grandes routes, telle qu'ils ne puissent pas y habiter.

LXXXVI. Il sera par la suite pourvu à l'établissement d'un petit nombre de ponts à bascule, destinés à vérifier le poids des voitures et à assurer l'exécution des réglemens à intervenir contre leur surcharge.

LXXXVII. Le Directoire exécutif est autorisé provisoirement à placer les barrières dans les lieux qu'il jugera les plus convenables; il rendra compte au Corps législatif, de six mois en six mois, de leur placement, et des dépenses qu'elles occasionneront.

LXXXVIII. Les dispositions des articles LXXXIV, LXXXV et LXXXVII de la présente, seront incessamment exécutées sur toutes les routes qui aboutissent à Paris, en partant de cette commune, et pour la portion de ces routes qui est actuellement en bon état de réparation.

LXXXIX. L'ouverture, le perfectionnement et l'entretien des chemins de communication, autres que les grandes routes, pourront être entrepris par des citoyens, sous l'autorisation du Corps legislatif, suivant les règles qui seront décrétées par la suite, et au moyen de la concession du droit de percevoir pendant un temps une taxe aux barrières particulières qui seront établies par eux.

TITRE IX.

Loterie.

XC. La ci-devant loterie nationale de France est rétablie sur les bases et combinaisons qu'elle avait à l'époque de sa suppression. Le Directoire est chargé d'en organiser provisoirement l'administration, sans retard, en faisant toute les réductions d'agens qu'il sera possible.

XCI. Tout établissement de loterie particulière ou étrangère est prohibé.

XCII. Les individus qui se permettront de recevoir pour les loteries étrangères, seront condamnés, pour la première fois, une amende de trois mille francs, et la seconde, outre l'amende, en six mois de détention.

XCIII. Les receveurs de la loterie nationale qui seront convaincus d'avoir reçu pour les loteries étrangères, et d'avoir joué pour leur propre compte ou pour celui des particuliers, seront condamnés en l'amende de six mille francs, et destitués de leurs fonctions.

TITRE X.

Tabacs.

XCIV. Les droits sur les tabacs venant de l'étranger seront augmentés de manière à donner un produit de dix millions.

TITRE XI.

Coupons de l'emprunt forcé.

XCV. Les huit derniers coupons de l'emprunt forcé ne seront plus admis en paiement des contributions directes ni du droit d'enregistrement; ils seront reçus comme dette publique, en paiement des domaines nationaux vendus ou à vendre, en exécution des lois 16 brumaire et 2 fructidor derniers.

Les deux premiers coupons de l'emprunt forcé seront admis en paiement des contributions échues.

TITRE XII.

Négociations.

XCVI. L'article III de la loi du 9 thermidor dernier, concernant les négociations, est rapporté; elles continueront d'être faites conformément aux dispositions de celle du 3 frimaire de l'an IV.

TITRE XIII.

Dispositions générales.

XCVII. Le Directoire exécutif prendra les moyens nécessaires pour que toutes les parties du service, et notamment celles des départemens de la guerre et de la marine, soient assurées de manière à être en mesure de faire une nouvelle campagne, au cas que la paix ne soit pas conclue.

TITRE XIV.

Dette publique.

XCVIII. Chaque inscription au grand livre de la dette publique, tant perpétuelle que viagère, liquidée ou à liquider, sera remboursée, pour les deux tiers, de la manière établie ci-après; l'autre tiers sera conservé en inscriptions au grand livre, et payé sur ce pied, à partir du deuxième semestre de l'an V.

Le tiers de la dette publique conservé en inscriptions est déclaré exempt de toute retenue, présente et future.

XCXIX. Ne sont point compris dans la précédente disposition, les pensions, traitemens et indemnités viagères de toute nature, dont les arrérages seront provisoirement payés, à raison du tiers, et à partir du deuxième semestre de l'an V.

C. Le remboursement des deux tiers sera fait en bons au porteur, délivrés par la trésorerie nationale. Le capital de l'inscription perpétuelle sera calculé au denier vingt, et celui de l'inscription viagère au denier dix.

CI. Les bons au porteur, délivrés en remboursement de la dette publique, seront reçus en paiement des biens nationaux, aux époques et de la manière exprimées ci-après.

CII. Jusqu'à la conclusion de la paix générale, les biens nationaux seront vendus, conformément aux lois subsistantes, et les bons au porteur seront reçus en paiement de la portion du prix payable avec la dette publique.

CIII. Tout propriétaire de rente, soit perpétuelle, soit viagère, pourra payer le prix d'un domaine national qui lui serait adjugé à dater du jour de la publication de la présente loi, de la manière suivante.

La portion dudit prix, payable tant en numéraire qu'en obligations, pourra être acquittée avec le tiers de l'inscription conservée par la présente loi, et le surplus tant avec les bons de remboursement provenant de ladite inscription, qu'avec tous bons semblables, et tous autres effets de la dette publique, conformément aux lois sur la vente des domaines nationaux.

Dans le cas énoncé ci-dessus, l'acquéreur sera tenu d'acquitter la totalité de son prix, dans les vingt jours de l'adjudication.

CIV. Il pourra être composé des associations de rentiers perpétuels ou viagers. Les directeurs de ces associations auront la faculté d'acquérir des biens nationaux, et de les acquitter de la manière énoncée en l'article précédent.

CV. Un mois après la ratification du dernier traité de paix générale, le prix des ventes des domaines nationaux ne pourra être acquitté en totalité qu'avec les bons au porteur provenant du remboursement de la dette publique.

CVI. La vente des biens nationaux sera activée par tous les moyens, de manière à être terminée dans l'année qui suivra la paix générale.

CVII. Si, après l'épuisement par vente de la totalité des biens nationaux, en ce non compris les forêts au-dessus de trois cents arpens, il restait encore dans la circulation des bons de remboursement, les porteurs seront remboursés de la manière suivante :

CVIII. Aussitôt après la paix générale, le Gouvernement fera procéder à l'état des biens nationaux, terreins vagues et indéfrichés qui peuvent exister dans l'île de Saint-Domingue et autres colonies françaises ; il sera procédé successivement à leur vente, sur les soumissions qui auront été faites, et le prix en sera acquitté en bons de remboursement, soit que la vente ait été faite à Paris, ou dans les colonies.

CIX. Il sera procédé, avec la plus grande activité, à la liquidation générale de la dette publique ; les créanciers qui ne seraient pas encore liquidés, seront autorisés à se rendre adjudicataires des domaines nationaux, en justifiant du dépôt des titres de leurs créances, et en s'obligeant, avec le *visa* provisoire des administrations, à en acquitter le prix de la même manière que les créanciers liquidés. Dans ce cas, les biens vendus resteront sous la main de la nation, et seront administrés pour le compte de l'acquéreur, jusqu'à ce qu'il puisse être mis en possession par le paiement du prix.

CX. Le produit net des contributions administrées par la régie de l'enregistrement, et subsidiairement les autres contributions indirectes, sont et demeurent spécialement affectées, jusqu'à due concurrence, au paiement des rentes conservées et pensions.

CXI. Il sera pourvu incessamment, et par une loi particulière, à l'amélioration du sort de ceux des rentiers de l'état qui se trouveront réduits, par l'effet de la présente loi, à une inscription de 200 livres et au-dessous.

CXII. La présente résolution sera imprimée.

Signé P. A. LALOY, *ex-président ;*

CHOLET, P. J. AUDOUIN, DUHAUT, ROGER-MARTIN, *secrétaires.*

Après une seconde lecture, le Conseil des Anciens APPROUVE la résolution ci-dessus. Le 9 Vendémiaire. an VI de la République française.

Signé CRETET, *président ;*

BALIVET, G. F. DENTZEL, PÉRÉ, *secrétaires.*

Le Directoire exécutif ordonne que la loi ci-dessus sera publiée, exécutée, et qu'elle sera munie du sceau de la République. Fait au palais national du Directoire exécutif, le 9 Vendémiaire an VI de la République française, une et indivisible.

Pour expédition conforme, *signé* I. M. RÉVEILLÈRE-LÉPEAUX, *président :*
par le Directoire exécutif, *le secrétaire général* LAGARDE,
et scellée du sceau de la République.

A PARIS, de l'Imprimerie du Dépôt des Lois, place du Carrousel.

Et se trouve dans les villes chef-lieux de département, au bureau de correspondance du Dépôt des Lois.

Au nom de la République française.

L O I

Relative à la liquidation de l'arriéré de la dette publique.

Du 24 Frimaire an VI de la République française, une et indivisible.

Le Conseil des Anciens, adoptant les motifs de la déclaration d'urgence qui précède la résolution ci-après, approuve l'acte d'urgence.

Suit la teneur de la déclaration d'urgence et de la résolution du 25 Brumaire :

Le Conseil des Cinq-cents, considérant qu'on ne peut trop se hâter de lever toutes les difficultés qui s'opposent encore à l'entière liquidation de l'arriéré de la dette publique, et de régler le mode du remboursement ordonné par la loi du 9 vendémiaire dernier,

Déclare qu'il y a urgence,

Et prend la résolution suivante:

N.º 9, 10 et 11.   A

TITRE PREMIER.

Liquidation d'arriérés de diverses natures pendant la révolution, déférée à la trésorerie nationale, à la régie générale des domaines, au ministre des finances.

ARTICLE PREMIER.

Le ministre des finances continuera de liquider les sommes dues pour cause de restitution d'effets, numéraire, et de toutes autres valeurs saisies ou enlevées par les comités révolutionnaires, ainsi que les sommes et effets gratuitement avancés par des particuliers non fournisseurs, pour la solde ou subsistances des armées, ou fortifications de places.

II. Les citoyens qui ont à réclamer du trésor public des sommes quelconques, soit pour la restitution du prix des domaines nationaux dont les ventes ont été annullées, ou à l'utilité desquelles il a été renoncé, soit en remplacement de la valeur des domaines aliénés par la République, et à raison desquels les anciens propriétaires ont été renvoyés à se pourvoir en indemnité, fourniront leurs demandes en indemnité, appuyées de pièces justificatives, pardevant le directeur des domaines du département dans lequel les ventes ont été faites. Ce directeur procédera à la liquidation provisoire des sommes réclamées ; ses opérations seront revues par la régie des domaines à Paris, qui liquidera et arrêtera définitivement sous sa responsabilité.

III. La liquidation des sommes dues pour cause de dépôts volontaires ou judiciaires dans les caisses publiques, et celle des dépôts faits en vertu de décrets ou de lois dans les mêmes caisses, seront faites par les commissaires de la trésorerie nationale.

IV. Ils liquideront pareillement les lettres de change venant des colonies, et acceptées à la trésorerie, pour les objets mis à la charge du trésor public, d'après les lois existantes.

V. Les mêmes commissaires liquideront ce qui est dû aux propriétaires des récépissés de l'emprunt en tontine, ouvert par la loi de messidor an III. Le remboursement en sera fait de la manière prescrite pour le paiement des arrérages de la dette publique antérieure au dernier semestre de l'an IV.

T I T R E I I.

Ampliation de pouvoir donné aux corps administratifs, pour liquider certaines parties de la dette.

VI. Les pouvoirs précédemment accordés aux corps administratifs de liquider définitivement, jusqu'à la somme de 800 francs et au-dessous, les créances exigibles des corps et communautés religieuses, ecclésiastiques et laïques supprimés, ayant pour cause des paiemens d'ouvriers, fournitures de marchandises et autres objets également urgens, sont étendus jusqu'à la somme de 3,000 francs du capital exclusivement : néanmoins ceux desdits créanciers qui auraient déjà déposé leurs titres au liquidateur général, ne pourront être liquidés que par lui.

VII. Les liquidations qui auront été faites jusqu'à ce jour par les liquidateurs des commissions exécutives ou agens, au profit de créanciers non comptables, sont déclarées définitives. Le ministre des finances en visera les états et les adressera à la trésorerie, sauf la réclamation des parties intéressées, ainsi qu'il sera prescrit ci-après.

Il sera statué par une loi particulière sur les liquidations déjà faites par les liquidateurs desdites commissions, au profit des comptables, et sur celles restant à faire pour la comptabilité de l'arriéré, depuis le premier juillet 1791 jusqu'à l'établissement de la constitution actuelle.

VIII. Les créances pour autres causes que celles énoncées aux articles précédens, ainsi que celles de 3,000 francs en capital, et au-dessus, et toutes parties procédant d'une dette originairement constituée, en donnant lieu à une inscription de tiers conservé de 50 francs de rente, ne pourront être définitivement liquidées que par le liquidateur général de la dette publique à Paris.

IX. Les corps administratifs ne pourront connaître d'aucune créance ou réclamation au dessous de 3,000 francs, qui aurait été rejetée par le liquidateur général, sauf aux créanciers à se pourvoir, conformément à l'article V de la loi du 3 brumaire, contre les décisions du liquidateur général, pardevant le ministre des finances.

TITRE III.

Réglement des dépenses et fournitures faites à la République pendant le régime du papier - monnaie.

X. Les sommes dues en papier-monnaie seront réduites en numéraire dans toute la République, aux taux réglés par le tableau du cours tenu par les commissaires de la trésorerie nationale, et annexé à la loi du 5 messidor dernier, concernant les transactions entre particuliers.

XI. Les liquidations qui auraient été faites jusqu'à ce jour, d'après les bases de la loi du 15 germinal, ou sur des décomptes et mémoires réglés ou arrétés d'après le prix de 1790, sont maintenues, à la charge de les faire viser par le ministre des finances.

XII. La réduction des mémoires dans lesquels les fournitures ne se trouveront pas établies mois par mois, sera faite d'après le terme moyen de la dépréciation du papier-monnaie pendant le cours des trimestres, semestres ou années sur lesquels porteront lesdits mémoires.

TITRE IV.

Forme et objet des états de liquidation de la dette publique.

XIII. Il sera dressé par les administrations chargées de la liquidation des diverses parties de la dette publique ci-dessus désignées, deux états distincts et séparés des liquidations qu'elles auront opérées :

L'un, pour les parties de la dette non constituée, ou dette exigible proprement dite;

L'autre, pour les parties de la dette constituée soit par l'ancien gouvernement, soit par les établissemens supprimés, aux droits desquels la République s'est subrogée.

XIV. Ces états énonceront les noms et prénoms des créanciers, le montant de leur liquidation, la réduction en rente du montant total de la liquidation, tant des capitaux qu'intérêts réunis, dûs antérieurement à la liquidation, pour les parties qui seraient susceptibles de produire des intérêts.

XV. Les commissaires liquidateurs reconnaîtront et inscriront dans leurs états, comme créanciers de la République, les propriétaires apparens des créances qu'ils auront liquidées d'après les titres qui leur auront été remis pour la justification du fonds de la créance.

XVI. La justification de la propriété à la créance reconnue et liquidée se fera pardevant le liquidateur de la trésorerie, afin que cette justification ne puisse retarder l'envoi décadaire des états de liquidation au ministre des finances.

XVII. Les créanciers liquidés seront avertis individuellement de leur liquidation à la forme des lois des 21 septembre 1793, 9 brumaire et 23 messidor an II.

XVIII. Il sera remis par les commissaires liquidateurs, aux créanciers inscrits dans leurs états de liquidation, un certificat indicatif de l'état dans lequel ils sont compris, de leur numéro dans l'état des noms et prénoms sous lesquels ils sont inscrits, et du montant de leur liquidation.

XIX. Ce certificat sera remis au liquidateur de la trésorerie, qui se fera justifier, dans les formes précédemment établies, soit de l'individualité du créancier énoncé au certificat et aux états de liquidation y correspondans, soit de la propriété du porteur dudit certificat à la somme liquidée et comprise auxdits états, soit de la résidence.

XX. Le créancier reconnu pour propriétaire de la somme liquidée, donnera son acquit de remboursement à la trésorerie, au dos de ce certificat.

XXI. La vérité de la signature de cet acquit sera attestée à la forme de la loi du 6 messidor dernier.

XXII. Les états de liquidation de la dette seront adressés par lesdites administrations, toutes les décades, au ministre des finances, pour être par lui visés et envoyés de suite à la trésorerie.

XXIII. Le *visa* du ministre des finances tiendra lieu de ses ordonnances individuelles sur chacune des parties comprises auxdits états.

XXIV. Les états et certificats de liquidation seront expédiés et délivrés par les différens fonctionnaires à ce autorisés par les articles précédens, sans qu'il soit nécessaire qu'un crédit leur soit ouvert à cet égard. Ils feront connaître, à la fin de chaque mois, le montant de la somme qu'ils auront allouée, tant en capital qu'en rentes réduites au denier vingt; le Directoire exécutif en fera connaître le résultat, tous les mois, au Corps législatif.

T I T R E V.

Arriéré depuis l'établissement du régime constitutionnel.

XXV. La liquidation des sommes dues depuis l'établissement du régime cons-titutionnel, sera faite par les différens ordonnateurs, chacun dans son départe-ment : tout ce qui reste dû par les divers ordonnateurs pour le service de l'an IV, demeure compris dans l'arriéré, pour être remboursé en conformité de la loi du 9 vendémiaire dernier et de la présente.

XXVI. Les porteurs d'ordonnances délivrées par les ministres et autres ordon-nateurs, pour le service de l'an V, qui préféreront les employer en acquisitions de domaines nationaux, à raison des deux tiers, et avoir une inscription pour le surplus sur la dette consolidée, plutôt que d'attendre leur paiement, seront admis à jouir de cette faculté : leurs ordonnances seront reçues en conséquence comme une reconnaissance de liquidation; mais leur inscription au grand-livre n'aura lieu qu'au temps prescrit par l'article XXX de la présente loi.

T I T R E V I.

Arrérages de l'an V, et Mode du remboursement.

XXVII. Les créanciers de la République, pour le service de l'an V, qui n'ont pas encore reçu leur ordonnance de paiement, auront l'option ou de la demander en la forme ordinaire, ou d'en recevoir le remboursement à la tréso-rerie, de la manière prescrite par les articles précédens pour les créanciers de la dette exigible.

XXVIII. Le remboursement des deux tiers de la dette publique, ordonné par la loi du 9 vendémiaire, liquidée ou à liquider, inscrite ou à inscrire, sera fait en bons de deux tiers ou effets au porteur de 5o francs, 25 francs et 5 francs. Les 5o millions en mandats de 5 francs, déposés à la trésorerie na-tionale, seront employés, comme effets au porteur de pareils coupons, en paie-ment de biens nationaux acquis postérieurement à la publication de la loi du 9 vendémiaire dernier, ou en paiement de la seconde moitié des biens acquis en vertu de la loi du 16 brumaire.

XXIX. Les huit derniers coupons de l'emprunt forcé qui ne sont point ad-missibles en paiement des contributions antérieures à l'an VI, seront, ainsi que les deux premiers coupons qui n'auront pas été employés, rapportés à la trésorerie, et convertis en bons de deux tiers affectés au remboursement de la dette publique.

XXX. Il sera pourvu par une loi particulière à l'inscription définitive du tiers des créances exigibles liquidées ou à liquider, payable en inscriptions qui n'auraient pas été employées en domaines nationaux : la même loi statuera sur le temps auquel les intérêts en auront dû courir, et jusqu'alors il sera délivré des inscriptions provisoires dudit tiers consolidé, desquelles inscriptions provisoires les intérêts ne pourront être exigés qu'après l'inscription définitive sur le grand-livre, et suivant qu'il sera réglé par la loi à intervenir.

XXXI. Ces inscriptions provisoires seront cessibles par endossement, sans aucun droit, et admissibles en paiement de biens nationaux, comme le tiers réservé des anciennes inscriptions.

XXXII. Les inscriptions provisoires ne seront délivrés aux comptables envers la République, qu'après l'apurement de leur compte.

TITRE VII.

Arrérages et intérêts arriérés de la dette publique liquidée et inscrite, antérieurs au deuxième sémestre de l'an IV.

XXXIII. Les arrérages et intérêts de la dette publique inscrite, perpétuelle, viagère, et des pensions, échus antérieurement au dernier sémestre de l'an IV, seront liquidés par les commissaires de la trésorerie nationale, en numéraire, au cours du jour des assignats du terme moyen du trimestre de germinal de l'an IV, et payés en effets au porteur conformes à ceux qui sont délivrés pour la dette exigible.

TITRE VIII.

Relevés des déchéances, et facilités pour la production des titres.

XXXIV. Les dispositions des lois précédentes qui prononçaient des déchéances contre les créanciers de la République, soumis à la liquidation de leurs titres, sont révoquées.

En conséquence, les créanciers et pensionnaires qui les avaient encourues, ou auxquels ces lois avaient été appliquées, en sont relevés, et peuvent se présenter de nouveau pour obtenir leur liquidation, sous les modifications énoncées aux articles suivans.

XXXV. Tous les créanciers de la République pour créances soumises à la liquidation générale de la dette publique, ou à celle des émigrés, ou à celle de la trésorerie nationale, qui, à l'époque de l'épuisement par vente de la totalité des domaines nationaux affectés par la loi du 9 vendémiaire au paiement de la dette publique, n'auront fait aucune réclamation, seront définitivement déchus de toute répétition envers le trésor public pour les deux tiers de leurs créances remboursables en bons.

XXXVI. Les créanciers qui n'ont pas fourni au directeur général de la liquidation leurs noms, prénoms, et l'indication de leur domicile conformément aux lois précédentes, sont tenus de les fournir dans le mois de la publication de la présente loi.

XXXVII. Faute par eux de satisfaire à cette disposition dans le délai ci-dessus, si, après l'examen de leurs réclamations, il manque des titres pour la production desquels ils ne puissent être avertis, le liquidateur général ajournera indéfiniment l'examen de leur demande, jusqu'à l'épuisement des créances sur lesquelles les créanciers l'auront mis en état de correspondre avec eux.

XXXVIII. Les créanciers liquidés, mais en retard de satisfaire aux charges de leur liquidation et aux demandes de pièces qui auraient été par le liquidateur général jugées nécessaires à leur liquidation, ne seront liquidés qu'après l'épuisement des créances en général.

XXXIX. Les pièces jugées nécessaires à la liquidation définitive d'une créance, seront délivrées par les commissaires liquidateurs et corps administratifs, sur la déclaration affirmative du créancier ou de son fondé de pouvoir, devant le tribunal de son domicile, qu'il n'est possesseur d'aucune autre expédition dudit titre, et n'en retient aucune relative à ladite créance, sous peine de restitution du montant de sa liquidation, et d'une amende d'une somme égale à sa valeur.

XL. Les dispositions des lois précédentes, et notamment celle du 23 messidor an II, sur la nature des titres à produire, sont maintenues; et néanmoins, quant aux titres dont il existe des minutes, les dépositaires d'icelles sont autorisés, nonobstant les dispositions de la loi du 24 août 1793, à en délivrer des expéditions, extraits et cerficats de radiation, aux créanciers qui seront porteurs d'une demande qui leur en aura été faite soit par le liquidateur général, soit par la liquidation de la trésore-

rie,

rie, soit par les corps administratifs : il sera fait mention, sur la minute, de la demande en vertu de laquelle les expéditions, extraits et certificats de radiation auront été délivrés, en certifiant par le notaire, par l'autorité, ou dépositaire des minutes, sur lesdites expositions, etc., que cette mention a été faite sur la minute, et que ladite minute ne rappelle elle-même aucun remboursement antérieur ; à l'effet de quoi les dispositions des lois du 21 frimaire et du 23 messidor an II, qui ordonnaient l'apport des minutes et le paiement des droits de deux cinquièmes, demeurent abrogées pour l'avenir.

XLI. Lorsqu'un titre sans minute se trouvera perdu, ou que la minute d'un titre dont il n'existe pas d'expédition authentique antérieure au 24 août 1793, se trouvera également l'être, le liquidateur général et les corps administratifs pourront liquider la créance sur les preuves que pourront fournir les registres de l'établissement débiteur, de l'existence, de la bonne foi, et de la possession et jouissance où le réclamant se trouvait de la créance antérieurement à la suppression, et au tems d'icelle.

XLII. Les liquidations préparatoires des corps administratifs, dans le cas où elles sont exigées par les lois, continueront à être faites de la manière et dans la forme prescrite par la loi du 23 messidor an II : ceux desdits certificats qui devaient être délivrés par les municipalités et visés au district, seront délivrés par l'agent national de la commune, et visés par les administrations des municipalités de canton ; et ceux qui devaient l'être par les districts, le seront par lesdites municipalités seules, et sans *visa*.

XLIII. L'avis des corps administratifs, ou le *visa* en tenant lieu, ordonné par l'article XVIII de la loi du 23 messidor, a pour objet de déclarer et constater la légalité des titres produits et visés, la légitimité et la quotité de la créance, si elle a été ou non remboursée en tout ou en partie, si elle est susceptible de produire des intérêts, et d'en déterminer le taux et les retenues, d'après les lois et usages précédens.

XLIV. Les dispositions de l'article IX de la loi du 23 prairial an III, sont déclarées communes aux pensionnaires de la liste civile.

XLV. Les propriétaires et ci-devant titulaires qui, aux termes des lois précédentes, doivent être liquidés sur leurs quittances de finance, et qui les auraient adirées, seront liquidés, soit sur les certificats de radiation desdites quittances délivrées par les commissaires de la comptabilité, soit sur l'extrait des comptes des ci-devant receveurs des revenus casuels, ou du trésorier de l'épargne, suivant la nature de leurs créances, délivré par tout dépositaires publics desdits comptes et registres desdits ci-devant trésoriers et receveurs.

XLVI. Les officiers non soumis à l'évaluation ni au paiement du centième denier, mais seulement fixés en vertu des édits de 1756 et 1771, et de l'arrêt du conseil du 30 décembre 1774, seront liquidés sur les quittances de finance, et, au défaut, sur les évaluations et fixations portées sur les registres des parties casuelles.

XLVII. Les formalités particulières aux créances des ci-devant officiers ministériels, et prescrites par les articles XIII et XIV de la loi du 23 messidor an II, demeurent abrogées ; elles seront liquidées comme les autres créances sujètes à réglement, à la seule différence que la taxe tenant lieu de règlement sera faite conformément à l'article XV de ladite loi.

TITRE IX.

Rejet d'opposition au remboursement de la dette mobilisée.

XLVIII. Pour la plus prompte exécution de cette mesure, la république renonce sur les deux tiers susceptibles de remboursement, à l'utilité des oppositions faites en son nom.

XLIX. Les remboursemens des deux tiers de la dette publique ne seront pas suspendus par les anciennes oppositions qui tiendront seulement sur le tiers consolidé inscrit.

TITRE X.

Des créanciers liquidés et non inscrits.

L. A compter de la promulgation de la présente loi, le liquidateur général de la dette publique, celui de la dette des émigrés du département de la Seine, et les administrations de département chargées de liquider les dettes des émigrés de leur territoire, remettront aux commissaires de la trésorerie nationale les certificats de propriété et les reconnaissances définitives de liquidation que les créanciers auront négligé de retirer.

Les commissaires de la trésorerie se concerteront avec les liquidateurs sur le mode de retirement et sur les formalités nécessaires à leur décharge.

LII. Les créanciers, porteurs de certificats de propriétés ou de reconnaissances définitives de liquidation, les remettront, sans délai, à la trésorerie nationale.

LIII. Les commissaires de la trésorerie feront inscrire d'office au grand-livre les créances dont les certificats de propriété auront été remis, soit par les liquidateurs, en exécution de la présente, soit par les créanciers eux-mêmes, s'ils ne sont inscrits sur aucune liste d'émigrés.

LIV. Les commissaires de la trésorerie feront procéder, sans délai, au calcul des intérêts liquidés dans chaque reconnaissance définitive des créances de 3,000 et au-dessous ; ces intérêts seront cumulés avec le capital.

LV. Le remboursement en sera fait par la trésorerie, de la manière prescrite par le titre VI, pour les parties de la dette exigible.

LVI. Les certificats d'arrérages de rentes ou d'intérêts de la dette exigible consolidée, dans lesquels le liquidateur général de la dette publique a réuni des sémestres dont le paiement a dû s'opérer en papier-monnaie, et des sémestres dont le quart ou le tiers est payable en numéraire, seront annulés et remplacés dans les bureaux de la direction générale de la liquidation, par de nouveaux certificats divisés en autant de coupons qu'il se trouve de modes particuliers de paiement ordonnés par les lois.

T I T R E X I.

Des créanciers non liquidés qui voudront participer au remboursement provisoire des deux tiers de leurs créances, et se rendre adjudicataires de domaines nationaux.

LVII. Les créanciers soumis à la liquidation, et assujétis par les lois précédentes au *visa* des corps administratifs, à la forme de la loi du 23 messidor an II, tenant lieu de leur liquidation préparatoire, ne seront admis à se rendre adjudicataires qu'en justifiant préalablement d'un certificat du dépôt de leurs titres duement visés.

LVIII. Les créanciers qui voudront se rendre adjudicataires de domaines nationaux, n'en seront mis en possession qu'après avoir justifié du certificat des commissaires liquidateurs, constatant qu'ils leur ont remis leurs titres revêtus de la formalité du *visa* préparatoire des autorités concourant à leur liquidation.

LIX. Ce certificat énoncera les nom et prénom du créancier, son domicile, la nature de sa créance, le montant de la réclamation, et la date de la remise des mémoires en demandes et pièces justificatives.

LX. Le certificat de dépôt ne sera pas transmissible de la propriété de la créance à liquider, conformément aux dispositions de la loi du 11 septembre 1793, qui interdit toute négociation de créances sur la république, autrement que par la voie du transfert des inscriptions au grand-livre.

LXI. Le créancier qui justifiera au liquidateur général qu'il s'est rendu adjudicataire d'un domaine national, sera préféré dans l'ordre du travail des liquidations, au créancier non adjudicataire.

LXII. Cette justification se fera par extrait sommaire du procès-verbal d'adjudication, faisant mention de la remise ou de la représentation du certificat de dépôt aux administrateurs chargés de l'adjudication.

LXIII. Dans le cas où le créancier adjudicataire n'aurait pu être liquidé à l'expiration de l'année de la date de son obligation, il pourra obtenir de la régie des domaines un nouveau délai sur le certificat de l'administration chargée de sa liquidation, constatant que ce n'est pas par le fait du créancier que sa liquidation n'est pas terminée.

LXIV. Si par le résultat de la liquidation, tout ou partie de la créance liquidée se trouve rejettée, il en sera donné avis à la régie des domaines et à la trésorerie, par les commissaires ou administrations qui auraient liquidé.

LXV. En ce cas, le créancier et sa caution seront poursuivis, à l'instant, en paiement du prix de l'adjudication, sans qu'ils puissent obtenir aucun délai. Le domaine adjugé sera remis sous la main de la nation, si l'adjudicataire et sa caution n'acquittaient pas, dans la décade de l'avertissement qu'il en aura reçu, les portions du prix du domaine à lui adjugé qui resteraient à découvert par le rejet de la liquidation.

LXVI. Le créancier déchu de son adjudication, et sa caution, seront successivement poursuivis par la régie des domaines,

1°. En paiement des intérêts de l'obligation souscrite par le créancier adjudicataire ;

2°. En paiement de la valeur présumée des fruits, sur estimation à ses frais, à la déduction du montant des intérêts de son obligation ;

3°. En restitution du montant de la valeur des bons de deux tiers qu'il aura reçus au cours du jour où la trésorerie les lui a fait délivrer ;

4°. En restitution de la valeur des bons de deux tiers formant la différence du prix de son adjudication, et de celle faite sur la folle enchère, si celle-ci est inférieure, et ce, au cours du jour de l'adjudication qui lui aura été faite.

LXVII. Il sera tenu registre, tant par les administrations chargées de liquidations que par la trésorerie, des certificats de dépôts délivrés aux créanciers qui les auront demandés, et des paiemens faits en bons de deux tiers d'après lesdits certificats, à l'effet de connaître le montant des remboursemens ainsi provisoirement effectués, et d'en suivre particulièrement la comptabilité et le recouvrement.

LXVIII. Les créanciers en nom, ou ceux par endossement des bons de tiers consolidé sur la dette exigible, qui se seront rendus adjudicataires de domaines nationaux, pourront solder le prix de leur acquisition suivant le mode prescrit par l'article LXXXV ci-après.

LXIX. Il sera ouvert à la trésorerie nationale un livre de remboursemens opérés sur la dette exigible par les bons de tiers consolidé. Ce livre sera tenu de manière à pouvoir constater en tout temps le montant de la dette ainsi remboursée qui aura été appliqué en acquit de domaines nationaux.

TITRE XII.

Titres à délivrer par la trésorerie aux créanciers, tant pour le tiers conservé que pour les deux tiers mobilisés.

LXX. La trésorerie délivrera aux créanciers de la dette inscrite, un extrait d'inscription du tiers, et des bons au porteur pour les deux autres tiers.

LXXI. La trésorerie délivrera aux créanciers *de la dette exigible*, dénommés aux états des commissaires-liquidateurs, deux sortes de bons, l'un au porteur pour les deux tiers de la somme comprise aux états de liquidation, libellé Dette publique mobilisée; l'autre pour le dernier tiers, au nom du créancier inscrit auxdits états, libellé Tiers consolidé de la dette publique.

LXXII. Ce dernier bon sera transmissible par endossement, et admissible en paiement de domaines nationaux comme numéraire, ou en acquit d'obligations contractées par le créancier ou l'endosseur, acquéreur de domaines nationaux, postérieurement à la publication de la loi du 9 vendémiaire dernier.

LXXIII. Les bons nominatifs du tiers consolidé ne seront délivrés aux créanciers compris dans les états de liquidation, que sur le certificat de non-opposition; et leur transmission par le créancier originaire ne pourra être arrêtée par aucune opposition subséquente.

TITRE XIII.

Mode du remboursement de la dette mobilisée, perpétuelle, viagère.

LXXIV. Le remboursement des deux tiers de la dette publique constituée sera fait sur la représentation de l'ancienne inscription acquittée par les propriétaires y dénommés.

LXXV. Pour être remboursé des deux tiers de la dette viagère, il faudra joindre le certificat de vie de la tête sur laquelle la rente est assise.

LXXVI. Les effets au porteur mentionnés dans l'article XXVIII, seront délivrés, à bureau ouvert, en représentation tant des rentes inscrites sur le grand-livre de la dette publique, que de celles comprises aux états de liquidation adressés à la trésorerie, et seront reçus, pour le montant de leur valeur, en paiement des domaines nationaux.

LXXVII. Pour l'emploi sans fraction des effets au porteur mentionnés dans l'article XXXI, les deux tiers de la dette publique remboursés seront calculés par multiple de 5 francs: s'il reste une fraction de cette somme, et qu'elle excède 250 centimes ou 50 sous, ce qui manquera pour arriver au multiple sera pris sur le tiers consolidé: si la fraction n'est que de 250 centimes, ou de somme inférieure, elle sera retranchée des deux tiers remboursés, et ajoutée au tiers consolidé: de manière, par exemple, qu'une rente de 100 francs, fixée d'abord pour les deux tiers de remboursement à 66 livres 13 sous 4 deniers, et à 33 livres 6 sous 8 deniers pour le tiers consolidé, sera seulement remboursée pour 65 francs, et consolidée pour 35 francs ; et qu'une rente de 200 francs, fixée pour les deux tiers de remboursement à 133 francs 6 sous 8 deniers, et à 66 francs 13 sous 4 deniers pour le tiers consolidé, sera remboursée pour 135 francs, et consolidée pour 65.

LXXVIII. Le tiers consolidé sera porté ou réduit en somme ronde de livres ou francs, suivant que la fraction excédera 50 centimes ou 10 sous, ou ne sera que de cette somme, ou de tout autre inférieure.

LXXIX. Les remboursemens qui seront effectués sur les inscriptions au grand-livre, seront mentionnés chacun sur leurs articles correspondans, par la voie d'un transfert au crédit de la République : ceux qui seront effectués sur les états de liquidation de la dette exigible, adressés à la trésorerie par le ministre des finances, seront mentionnés sur des registres particuliers, par lettres alphabétiques, au fur et à mesure des remboursemens.

LXXX. La liquidation des créanciers qui ne se présenteront point, sera faite en la même façon que celle des autres, en ce qui concerne le compte de leurs créances, la délivrance des bons au porteur et l'inscription du tiers consolidé : les bons au porteur leur revenant seront remis, à leurs périls et risques, à la caisse des dépôts de la trésorerie nationale.

LXXXI. Lorsque les inscriptions se trouveront grévées d'usufruit, le montant du capital représentatif de l'usufruit sera déterminé d'après les bases et les calculs établis par la table N.° I.er annexée à la loi du 23 floréal an II, et le remboursement en sera fait sur ce pied à l'usufruitier, en rapportant par lui son acte de naissance et son certificat de vie.

LXXXII. Ce mode est déclaré commun aux opérations dont les liquidateurs généraux et administrations liquidatrices sont chargés par la présente loi.

LXXXIII. Les propriétaires d'inscriptions qui sont autorisés par les précédentes lois à se libérer en inscription de la dette publique, soit vis-à-vis de la nation, soit vis-à-vis de leurs créanciers personnels, ayant hypothèque spéciale ou privilégiée sur l'objet original de leurs inscriptions, pourront donner en paiement, soit leur inscription actuelle, soit un tiers en inscription conservée, et deux tiers en bons de remboursement.

TITRE XIV.

Dispositions générales.

LXXXIV. En conséquence des articles CII, CIII et CV de la loi du 9 vendémiaire dernier, les ventes de domaines nationaux, soit maisons, soit biens ruraux, faites postérieurement à la publication de ladite loi, pourront être acquittées en bons des deux tiers remboursés, tant pour la seconde moitié de la mise à prix, que pour le produit total des enchères : quant à la première moitié de la mise à prix, les acquéreurs seront tenus de fournir ou du numéraire, ou des obligations, ou des inscriptions provenant du tiers conservé.

LXXXV. Les adjudicataires postérieurement à la publication de la loi du 9 vendémiaire dernier, sont admis à acquitter le prix de leur adjudication, entre les mains des commissaires de la trésorerie nationale, par la remise soit d'inscriptions de rentes dont ils sont propriétaires anciens ou par transfert, quelle qu'en soit la date, soit d'inscriptions provisoires provenant de la dette exigible, soit de reconnaissances de liquidation ou d'ordonnances duement visées.

LXXXVI. Ils pourront solder indifféremment avec celui de ces effets qu'ils voudront choisir pour l'affecter à l'un et à l'autre de ces paiemens.

LXXXVII. En recevant les inscriptions définitives ou provisoires, ou des reconnaissances de liquidation et ordonnances duement visées, les commissaires de la trésorerie donneront un récépissé sur le receveur des domaines nationaux, qui sera tenu de l'imputer tant sur la partie de l'adjudication payable en numéraire que sur celle payable en dette publique.

Le récépissé sera donné en une ou plusieurs coupures, au choix du créancier.

LXXXVIII. Dans le cas où les effets ci-dessus, fournis en paiement, excéderaient le prix de l'adjudication, les commissaires de la trésorerie, après avoir annullé ou passé au crédit de la République les valeurs payées par compensation avec le prix de l'adjudication, délivreront à l'adjudicataire une inscription, soit définitive, soit provisoire, de la valeur non-employée, et une reconnaissance pour obtenir les bons des deux tiers de la partie de la dette mobilisée.

LXXXIX. Pour les ventes faites en exécution de la loi du 9 vendémiaire dernier,

dernier, la partie de l'adjudication payable en numéraire ou en effet représentatif du tiers consolidé, sera payée dans le mois du jour de l'adjudication, et la partie payable en bons de deux tiers sera payée dans les trois mois du jour où le remboursement des bons de deux tiers se fera à bureau ouvert. Le Directoire exécutif pourra proroger ce délai, s'il y a cause légitime.

XC. Les parties intéressées qui se croiront autorisées à réclamer contre la liquidation des sommes par elles dues, ou dont elle seront déclarées débitrices, pourront se pourvoir par appel au ministre des finances, lequel prononcera définitivement, et sans autre recours, conformément à la loi du 3 brumaire de l'an IV.

XCI. Le recours au ministre des finances contre les décisions du liquidateur général établi par la loi du 3 brumaire, dans le seul intérêt des créanciers de l'Etat qui croiraient avoir à se plaindre, aura lieu contre les arrêtés des corps administratifs, en matière de liquidation définitive de leur compéfence.

XCII. Toutes décisions du ministre des finances sur recours tant des arrêtés de liquidation des corps administratifs que des commissaires liquidateurs et administrateurs chargés d'opérer des liquidations, seront renvoyées, pour leur exécution, au liquidateur général de la dette publique, qui demeure chargé de faire inscrire ou acquitter par la trésorerie le résultat des liquidations ainsi opérées, dont le ministre des finances demeure seul en ce cas responsable.

XCIII. S'il s'élève quelques difficultés sur la compétence de l'autorité qui doit procéder à la liquidation des sommes dues par la République, elles seront réglées par le ministre des finances.

XCIV. Afin que le cours des opérations ne soit jamais suspendu ou interrompu, toute difficulté sur l'exécution de la présente loi sera provisoirement réglée par le ministre des finances, sauf le recours au Directoire.

CXV. Le Directoire exécutif déterminera le nombre d'employés nécessaire au liquidateur général de la dette publique, pour l'accélération des travaux relatifs à la liquidation des créances des départemens réunis, et aux attributions nouvelles qui lui sont déférées par la présente loi.

Il réglera, d'après les bases de la loi du 28 prairial dernier, particulière aux employés de cette administration, la quotité des frais de bureau et la nature des traitemens qu'il sera convenable d'accorder, sans que la somme puisse excéder celle fixée pour la dépense actuelle de ses bureaux.

XCVI. Le Directoire est autorisé, dès ce moment, à faire tous réglemens nécessaires pour la plus prompte exécution de la présente loi.

XCVII. La présente résolution sera imprimée.

Signé VILLERS, *président ;*
BOULAY (de la Meurthe), PORTE, TALOT, GAYVERNON, *secrétaires.*

Après une seconde lecture , le Conseil des Anciens APPROUVE la résolution ci-dessus. Le 24 Frimaire an VI de la République française.

Signé ROSSÉE, *président ;*
BLAREAU , LABOISSIÈRE , DEBOURGES, *secrétaires.*

Le Directoire exécutif ordonne que la loi ci-dessus sera publiée, exécutée, et qu'elle sera munie du sceau de la République. Fait au palais national du Directoire exécutif, le 25 Frimaire an VI de la République française, une et indivisible.

Pour expédition conforme, *signé* P. BARRAS, *président ;*
par le Directoire exécutif, *le secrétaire-général,* LAGARDE.
et scellé du sceau de la République.

A PARIS,

DE L'IMPRIMERIE DU DEPOT DES LOIS,

Place du Carrousel.

Et se trouve dans les villes chef-lieux de départemens, au bureau de correspondance du Dépôt des Lois.

Au nom de la République française.

L O I

Relative au mode de vente des domaines nationaux.

Du 16 Frimaire an VI de la République française, une et indivisible.

LE CONSEIL DES ANCIENS, adoptant les motifs de la déclaration d'urgence qui précède la résolution ci-après, approuve l'acte d'urgence.

Suit la teneur de la Déclaration d'urgence et de la Résolution du 6 Frimaire :

Le Conseil des Cinq-cents, après avoir entendu sa commission des finances,

Considérant que la distinction qu'avait établie la loi du 9 germinal an V entre l'aliénation des maisons et des biens ruraux, n'existe plus, d'après la loi du 9 vendémiaire dernier, mais qu'il est nécessaire de le décider explicitement, pour faire disparaître les difficultés qu'ont fait naître les diverses interprétations données à cette loi;

Considérant que la loi du 9 germinal et celle du 16 brumaire précédent, ont fixé d'une manière différente le droit d'enregistrement à percevoir sur les ventes des biens ruraux et sur celles des bâtimens, ainsi que les remises accordées aux administrateurs de département, chargés de procéder à la vente des domaines nationaux, à leurs employés, et aux directeurs de la régie des domaines; et qu'il est instant de régler ces droits d'une manière uniforme et dans une proportion relative à l'augmentation survenue dans le prix ou l'adjudication desdits domaines,

Déclare qu'il y a urgence.

Le Conseil, après avoir déclaré l'urgence, prend la résolution suivante :

ARTICLE PREMIER.

Les domaines nationaux, de quelque nature qu'ils soient, seront vendus,

N.º 10.

sans distinction des maisons ou bâtimens et des fonds de terre, suivant le mode réglé par la loi du 16 brumaire an V, de manière que la moitié de la mise à prix sera payée soit en numéraire, soit en obligations ou en inscriptions du tiers consolidé, et le surplus en bons de remboursement ou autre partie de la dette publique de même nature.

Les obligations une fois souscrites, ne pourront, comme par le passé, être acquittées qu'en numéraire.

II. Le droit d'enregistrement desdites ventes est fixé à dix centimes (2 sous numéraire) par 100 francs, sur le prix entier de l'adjudication.

III. Les droits attribués aux administrateurs de département, à leurs employés, et aux directeurs des domaines, tant pour leurs rétributions que pour les frais à leur charge, sont fixés à un millième en numéraire ou un franc par chaque mille francs du prix total de l'adjudication.

IV. Il n'est point dérogé par l'article premier de la présente résolution, aux dispositions de la loi du 9 vendémiaire dernier, relatives aux ventes des domaines nationaux qui auront lieu après la paix générale.

Signé SIEYES, président;

ESTAQUE, F. SAINTHORENT, EUDE, PONS (de Verdun), secrétaires.

Après une seconde lecture, le Conseil des Anciens APPROUVE la résolution ci-dessus. Le 16 Frimaire an VI de la République française.

Signé ROSSÉE, président;

DUPUCH, BLAREAU, DEBOURGES, LABOISSIÈRE, secrétaires.

Le Directoire exécutif ordonne que la loi ci-dessus sera publiée, exécutée, et qu'elle sera munie du sceau de la République. Fait au palais national du Directoire exécutif, le 18 Frimaire an VI de la République française, une et indivisible.

Pour expédition conforme, signé P. BARRAS, président;
par le Directoire exécutif, le secrétaire général, LAGARDE ;
et scellée du sceau de la République.

A PARIS,

DE L'IMPRIMERIE DU DÉPOT DES LOIS,

place du Carrousel.

Et se trouve dans les villes chef-lieux de département, au bureau de correspondance du Dépôt des Lois.

MINISTÈRE
des
FINANCES.

4.ᵉ DIVISION.

COMPTABILITÉ
GÉNÉRALE.

LIBERTÉ.   ÉGALITÉ.

*Paris, le 12 Pluviôse, an 6.ᵉ de la République
française, une et indivisible.*

LE MINISTRE des Finances,

Aux divers Fonctionnaires appelés par la Loi du 24 frimaire
an 6, à concourir à la liquidation définitive de l'arriéré
de la dette publique.

CITOYENS,

LA loi du 24 frimaire dernier vient de poser les bases de la liquidation générale et définitive de tout l'arriéré de la dette publique
antérieur au 1.ᵉʳ vendémiaire an 5, et d'en régler le mode d'exécution.

Les Ministres et autres Ordonnateurs, la Trésorerie nationale, la
Comptabilité nationale, les Corps administratifs, la Régie des domaines,
le Liquidateur général de la dette publique, celui de la dette des émigrés,
enfin les Liquidateurs particuliers des ci-devant commissions exécutives ;
tous sont appelés, par cette loi, à concourir à cette importante opération. Les créanciers de la République y sont appelés eux-mêmes par
leur propre intérêt ; ils peuvent accélérer son achèvement, en se hâtant
de se présenter aux divers fonctionnaires chargés de les liquider. La
loi leur en offre tous les moyens : elle leur indique leurs liquidateurs ;
elle les dégage des entraves que leur présentaient diverses dispositions
des lois antérieures relatives à la liquidation générale ; elle relève de
la déchéance les créanciers qui l'avaient encourue ; elle procure même

A

aux créanciers des ci-devant établissemens supprimés, dont les titres primitifs se trouveraient perdus ou détruits, des moyens faciles d'y suppléer : tout se trouve donc préparé pour une marche rapide.

La loi précitée du 24 frimaire prescrit au Directoire (art. XXIV) de faire connaître au Corps législatif, à la fin de chaque mois, la situation et le progrès de toutes les parties de cette opération générale. L'exécution de cette disposition exige une mesure d'ordre indispensable ; c'est que tous les états des liquidations, quelle que soit leur nature, et quels que soient les fonctionnaires liquidateurs, viennent se réunir à un centre commun, où ils puissent être résumés, pour être produits au Directoire à la fin de chaque mois, dans un seul résultat général. L'intention du Directoire, Citoyens, est que ce centre de réunion soit établi au Ministère des finances, par suite de l'attribution générale que lui donne la loi, art. XXII, de viser tous ces états ; visa qui, suivant l'art. XXIII, doit tenir lieu de ses ordonnances individuelles sur chacune des créances y comprises.

Ce sera donc en mes bureaux que se formera le résultat général de chaque mois sur chacune des parties de cette liquidation, et d'après les états décadaires qui m'auront été adressés, conformément à l'art. XXII, par chacun des fonctionnaires chargés d'y coopérer.

Nous sommes tous responsables, Citoyens, chacun dans notre attribution, des liquidations que nous allons arrêter. Nous devons nous tenir en garde contre l'obscurité dont se trouveront recouvertes plusieurs des créances contractées soit sous le régime révolutionnaire, soit même sous le Gouvernement constitutionnel, lors du concours des papiers-monnaie. Nous devons apporter le plus grand soin à y discerner les sommes vraiment dues en numéraire effectif, de celles qui ne seraient qu'à convertir en cette valeur. Nous aurons soin d'éviter les doubles emplois, en rejetant, conformément à la loi, toutes les créances qui auraient déjà été ou rejetées, ou liquidées définitivement.

Vous remarquerez que la responsabilité de vos liquidations doit peser toute entière sur vous, quoiqu'elles ne puissent être ordonnancées que par mon visa.

Je vous invite tous, Citoyens, chacun pour ce qui vous concerne, je vous invite au nom de l'intérêt public, au nom de l'intérêt des créanciers, à activer par tous les moyens possibles, dans vos bureaux, le travail relatif à cette opération. Vous desirerez vous-mêmes que le Directoire ait à remarquer, dans les résultats généraux que je lui remettrai à la fin de chaque mois, les effets soutenus de votre surveillance et le zèle de vos collaborateurs.

Dans cette diversité de créances à liquider, dans ce concours de fonctionnaires chargés de leur liquidation, j'ai pensé qu'il n'était pas suffisant que chaque fonctionnaire ou que chaque Administration liquidatrice connût les objets dont se compose sa propre attribution, et qu'il serait utile, autant pour ces fonctionnaires eux-mêmes que pour les mettre à portée de guider des créanciers incertains dans leur marche, que chacun d'eux sût ce qui compose l'attribution de tous ses autres coopérateurs ; c'est pour parvenir à ce but que je joins à cette circulaire une notice indiquant en détail les divers genres de créances auxquels s'applique la loi du 24 frimaire, et les divers fonctionnaires chargés d'en faire la liquidation.

Il est plusieurs parties de cette liquidation générale, notamment celles confiées aux Corps administratifs, qui exigent des instructions détaillées sur le fond des liquidations : je m'en occupe, et les ferai parvenir très-incessamment aux divers fonctionnaires que ces parties concernent.

L'uniformité dans les états nombreux qui vont venir se centraliser en ce ministère, étant très-essentielle pour l'ordre et pour la célérité de toute l'opération, je m'empresserai également de leur en faire parvenir des modèles appropriés aux divers genres de leur liquidation.

Le Ministre des Finances,

MINISTÈRE
des
FINANCES.

4.e DIVISION.

COMPTABILITÉ
GÉNÉRALE.

CLASSEMENT

DES

DIVERS GENRES DE CRÉANCES

A liquider en exécution de la Loi du 24 Frimaire an 6, ET INDICATION des divers Fonctionnaires qu'elle a chargés de cette liquidation.

---

1. *LES MINISTRES et autres Ordonnateurs qui ont ordonnancé des Dépenses publiques depuis l'établissement du régime constitutionnel.*

Loi du 24 frimaire, article XXV.

ILS sont chargés de liquider, 1.º les créances ou parties de créances restant à ordonnancer pour service de leur attribution, et contractées depuis l'établissement du régime constitutionnel jusqu'au 1.er vendémiaire an 5, soit en numéraire effectif, soit en papier-monnaie à réduire en cette valeur ;

2.º Les créances de même époque déjà ordonnancées par eux, mais qui n'avaient été ni visées par le Ministre des finances, ni autorisées par la Trésorerie.

Nota. Le Ministre des finances ayant annoncé aux divers Ministres, par sa lettre du 8 nivôse dernier, qu'il pourrait être fait une distinction en ce qui concerne le mode de paiement à l'égard des traitemens, appointemens et salaires, les Ministres et autres Ordonnateurs sont invités à en faire tenir un état distinct.

---

2. *LE MINISTRE DES FINANCES.*

Ibid.

LE Ministre des finances, indépendamment des objets qu'il a à liquider, comme les autres Ordonnateurs, pour les dépenses de son attribution, est de plus chargé de liquider les objets ci-après :

Art. I.

1.º Les créances résultant des restitutions à faire conformément aux lois relatives, pour objets mobiliers, sommes en papier - monnaie ou numéraire, confisqués ou enlevés révolutionnairement, ou pour objets gratuitement avancés par l'effet des réquisitions ; et ce, indépendamment des restitutions de mobilier à faire en nature dans les cas et selon les formes prescrits par les lois existantes ;

2.º Les créances résultant des restitutions à faire pour traites de réquisitions fournies à la République par les maisons de banque et négocians français ou des pays conquis, en exécution de la loi du 18 messidor an 2 ;

3.º Les restes des dettes de la ci-devant municipalité de Paris, postérieures au 10 août 1793, en exécution de la loi du 14 fructidor an 2, qui en avait chargé la ci-devant Commission des revenus nationaux ;

4.º Les restitutions de trop payé sur des contributions publiques de l'an 4 et antérieures.

---

3. *LA TRÉSORERIE NATIONALE.*

LES Commissaires de la Trésorerie nationale, indépendamment des objets qu'ils ont à liquider, comme les autres Ordonnateurs, pour les dépenses particulières à leur administration, sont chargés de liquider,

Loi du 24 frimaire.
Art. III.

1.º Les créances résultant de dépôts judiciaires ou volontaires dans les caisses publiques, et celles de tous autres dépôts faits dans les mêmes caisses en vertu de décrets ou de lois particulières ;

Art. IV.

2.º Celles résultant de lettres-de-change des Colonies, acceptées par la Trésorerie pour les objets mis à la charge du trésor public par les lois existantes, sauf le mode d'exécution à indiquer par la Trésorerie ;

Art. V.

3.º Ce qui se trouve dû aux propriétaires des récépissés de l'emprunt en tontine, ouvert par la loi de messidor an 3 ;

Art. XXXIII.

4.º Tout ce qui reste dû d'arrérages et d'intérêts de la dette publique inscrite perpétuelle, viagère, et des pensions, jusqu'au 1.er germinal an 4 ;

Art. LIV.

5.º Les intérêts des reconnaissances de liquidation de 3000 livres et au-dessous, qui, aux termes des lois des 24 août 1793 et 1.er floréal an 3, avaient été déclarées non inscriptibles, et ce à compter des époques qui y ont été déterminées par les liquidateurs ; lesquels intérêts doivent être cumulés avec le capital ;

6.º Ce qui reste dû, en capital et intérêts, des effets au porteur de toute nature provenant des emprunts publics de l'ancien Gouvernement, en exécution du décret du 27 décembre 1790 et autres lois postérieures ;

7.º Ce qui reste dû, en capital et intérêts, des offices de finances, de judicature ou autres, supprimés avant 1789.

Titres à rapporter directement à la Trésorerie.

Art. L, LIII et LXXX.

1.º Les reconnaissances de liquidation ou certificats de propriété que les parties auraient négligé de retirer des bureaux du Liquidateur général de la dette publique, de ceux du Liquidateur de la dette des émigrés du département de la Seine, et de ceux des Corps administratifs pour les objets de leur attribution, seront remis à cet effet par ces divers fonctionnaires liquidateurs, aux Commissaires de la Trésorerie nationale, qui doivent les inscrire d'office au grand-livre conformément à l'article LIII, ou les rembourser, suivant leur nature, dans les proportions et de la manière prescrites par la loi ; remboursement qui, en cas de non-réclamation, s'en fera également d'office par la remise des bons à la caisse des dépôts, conformément à l'article LXXX de la loi ;

Art. L, LII et LXXX.

2.º Les reconnaissances de liquidation ou certificats de propriété, qui auraient été précédemment délivrés aux parties prenantes par les divers fonctionnaires ci-dessus dénommés, et dont les porteurs auraient négligé, jusqu'à ce jour, ou l'inscription au grand-livre, ou le remboursement pour ce qui en était exigible de sa nature, doivent être également remis à la Trésorerie par les porteurs, pour être inscrits ou remboursés comme ceux ci-dessus mentionnés ;

Art. XXIX.

3.º Les huit derniers coupons de l'emprunt forcé, ainsi que les deux premiers coupons qui n'auraient pas été employés au paiement des contributions antérieures à l'an 6, doivent être rapportés à la Trésorerie nationale pour être échangés en bons de deux tiers seulement ;

Nota. La Trésorerie nationale continuera de liquider la dette constituée perpétuelle et viagère de l'ancien Gouvernement ;

La dette viagère des corps, compagnies, communautés religieuses, ecclésiastiques et laïques, et de toutes corporations et établissemens supprimés ;

La dette viagère des communautés et établissemens religieux de la Belgique, supprimés par la loi du 15 fructidor an 4.

---

4. *LA COMPTABILITÉ NATIONALE.*

Loi du 24 frimaire an 6, et Lois générales antérieures.

LES Commissaires de la Comptabilité nationale, indépendamment des créances restant à ordonnancer pour dépenses particulières à leur administration antérieure au 1.ᵉʳ vendémiaire an 5, sont chargés, aux termes de la loi du 18 frimaire an 4, de liquider les sommes dont les anciens comptables peuvent se trouver en avance par le résultat de leurs comptes.

---

5. *LA RÉGIE DE L'ENREGISTREMENT ET DES DOMAINES liquide définitivement à Paris, et provisoirement par ses Directeurs, dans les Départemens, les objets de restitution ci-après :*

I.re PARTIE.

Loi précitée du 24 frimaire.

1.º Les restitutions de prix de domaines nationaux dont les ventes ont été annullées, ou à l'utilité desquelles il a été renoncé ;

Nota. Les objets ci-après ne sont qu'une suite de cette attribution.

Art. II.

2.º Les restitutions à faire aux acquéreurs tombés en déchéance ;

3.º Les restitutions à faire à ceux qui, ayant payé des à-comptes, ont subi une folle enchère ;

4.º Les restitutions de trop payé par les acquéreurs restés en possession desdits domaines ;

5.º Les restitutions du prix des créances nationales aliénées en vertu de la loi du 5 juin 1793, loi rapportée par celle du 25 messidor an 3.

II.e PARTIE.

Idem.

6.º Les sommes à payer à titre de remplacement de la valeur des domaines aliénés par la République, et à raison desquels les propriétaires ont été renvoyés à se pourvoir en indemnité ;

7.º Par suite de la disposition ci-dessus, les indemnités dues à des fermiers évincés par le fait du Gouvernement ;

8.º Les droits et taxations dus aux ci-devant trésoriers de district, dont la Régie a été chargée dès l'établissement constitutionnel du ministère. Loi du 16 juillet 1793 (vieux style).

6. LE LIQUIDATEUR GÉNÉRAL DE LA DETTE PUBLIQUE.

Loi précitée du 24 frimaire.

CE fonctionnaire est chargé de liquider, 1.º toute la dette publique de l'ancien Gouvernement, à l'exception de l'ancienne dette constituée perpétuelle et viagère, et de ce qui reste à liquider des effets au porteur de toute nature, provenant des anciens emprunts publics, lesquels sont de l'attribution de la Trésorerie nationale, en exécution du décret du 27 décembre 1790 ;

2.º Les indemnités dues aux engagistes de domaines de l'ancien Gouvernement dans la possession desquels la République a droit de rentrer;

3.º Les créances résultant de ce qui reste dû du prix des maisons et terrains acquis par l'ancien Gouvernement;

4.º Celles résultant des rachats de rentes, et autres redevances foncières non féodales, sur les domaines nationaux vendus;

5.º Ce qui reste dû des offices de toute nature supprimés depuis la révolution;

6.º Ce qui reste dû des ci-devant maîtrises et jurandes;

7.º Le restant du passif des ci-devant Jésuites.

8.º La dette exigible, et celle constituée *en perpétuel* de tous les corps, compagnies, communautés, congrégations et autres corporations religieuses, ecclésiastiques ou laïques supprimées, et *les arrérages* de leur dette constituée *en perpétuel,* jusqu'au premier jour du semestre qui suivra la date de l'arrêté de l'état de liquidation; et ce à compter, savoir, pour celles des corps et compagnies de judicature et des corps de chirurgie, *du 1.ᵉʳ janvier 1791;* pour celles des communautés d'arts et métiers, *du 1.ᵉʳ avril 1791, et même par-delà, d'après l'attestation des Corps administratifs;* pour celles des communautés religieuses, des chambres consulaires, et des compagnies de notaires, *du 1.ᵉʳ janvier 1792;* pour celles des congrégations séculières, des fabriques, des académies, des compagnies d'arquebusiers et arbalétriers, *du 1.ᵉʳ janvier 1793;* pour celles des communes, districts et départemens, *du jour qu'ils sont constatés être dus.* Les arrérages antérieurs des rentes perpétuelles de ces établissemens et corporations, devant, aux termes des lois de liquidations qui leur sont particulières, être liquidés par les Corps administratifs.

Art. VI.
Sont exceptées toutefois, *quant aux créances exigibles* de ces diverses corporations, celles au-dessous de 3000 livres de capital *numéraire* ou *papier-monnaie,* lesquelles sont classées dans l'attribution des corps administratifs, sauf celles dont les titres auraient déjà été produits au liquidateur général, avec le *visa* des Corps administratifs.

Art. VIII.
Sont exceptées encore, *quant aux rentes constituées en perpétuel* sur les corporations et établissemens supprimés ci-dessus indiqués, celles non encore produites au liquidateur général, dont le capital *en numéraire* ou *papier-monnaie* serait au-dessous de 3000 liv., lesquelles sont également

classées dans l'attribution des corps administratifs, par suite de l'art. VIII de cette même loi ;

9.º Les sommes restant dues pour construction ou réparations d'églises supprimées.(Loi du 6 mai 1791.)

10.º Les dettes des fabriques, sauf l'exception ci-dessus de leurs créances exigibles au-dessous de 3000 livres ;

11.º Ce qui reste des créances des successions des ci-devant bénéficiers décédés, et de toutes créances sur la ci-devant régie des économats ;

12.º Ce qui reste de la dette exigible des hôpitaux, antérieure au 23 messidor an 2 , en exécution de la loi du 29 pluviôse an 5 ; et les arrérages de leurs rentes *perpétuelles*, à compter *du 1.er vendémiaire an 3* jusqu'au *1.er germinal an 5 ;* les arrérages antérieurs, et ceux postérieurs restant à la charge des hôpitaux et hospices ;

13.º Les dettes des communes, districts et départemens, antérieures au 10 août 1793 ;

14.º L'arriéré de la ci-devant liste civile, y compris les ouvrages de constructions et réparations des domaines qui en dépendaient.

Objets relatifs aux anciennes pensions et à la ci-devant liste civile.

15.º Les décomptes et anciens arrérages arriérés des pensions ;
Les secours à une fois payer ;
Les indemnités à d'anciens employés supprimés, et aux gagistes de la ci-devant liste civile.

N. B. Les effets de la loi du 24 frimaire an 6, ne sont point applicables aux pensions inscrites ou à inscrire, liquidées ou à liquider. Ce n'est qu'à titre de renseignement, et pour ne laisser aucune équivoque sur la conservation de l'attribution générale de ce fonctionnaire liquidateur, qu'on fait entrer ici les objets ci-après.

Les pensions de l'ancien Gouvernement, celles dues pour des services antérieurs à 1790 , celles dues à des employés des anciennes administrations de finance jusqu'au jour de leur suppression, celles des corporations supprimées ;

Les arrérages de ces pensions jusqu'au premier jour du semestre subséquent à la date de l'état de leur liquidation.

Dette de la Belgique.

1.º La dette exigible et constituée *en perpétuel*, ou résultant *de pensions* des ci-devant Établissemens ecclésiastiques supprimés, suivant l'attribution qui en a été donnée au Liquidateur général par suite de l'article XIX de la loi du 15 fructidor an 4, sauf la même exception de celles des créances exigibles qui sont au-dessous de 3000 liv. de capital, *numéraire* ou *papier-monnaie*, lesquelles sont classées, par suite de l'art. VIII de la loi du 24 frimaire an 6, dans l'attribution des corps administratifs de la Belgique, si les titres n'en ont été déjà produits au Liquidateur général, revêtus de leur *visa*; sauf aussi l'exception des rentes perpétuelles dont les titres n'auraient pas encore été produits au Liquidateur général avec leur *visa*, et dont le capital serait au-dessous de 3000 liv. *numéraire* ou *papier-monnaie*;

2.º Les arrérages des mêmes rentes perpétuelles au-dessus de 3000 liv. de capital, et ceux des pensions jusqu'au 1.ᵉʳ jour du semestre subséquent à la date de l'état de la liquidation des rentes et pensions.

7. *LE LIQUIDATEUR DE LA DETTE DES ÉMIGRÉS du département de la Seine.*

Loi du 24 frimaire an 6, et Loi du 1.ᵉʳ floréal an 5.

CE fonctionnaire est chargé, 1.º de la liquidation des dettes exigibles ou constituées perpétuelles, viagères, et des pensions des émigrés non rayés définitivement, et de tous autres individus dont les biens ont été confisqués, et dont le dernier domicile a été fixé, par la liste générale, dans l'arrondissement du département de la Seine;

2.º De celle des arrérages des rentes perpétuelles, viagères et des pensions, à compter du jour qu'ils sont dus, *jusqu'au jour de la liquidation.*

---

8. *LES CORPS ADMINISTRATIFS.*
1.ʳᵉ PARTIE.

Loi du 24 frimaire an 6.
Art. VI.

LES Corps administratifs sont chargés de liquider,

1.º Les créances exigibles *au-dessous* de 3000 liv. de capital, *numéraire* ou *papier-monnaie*, sur les corps et communautés religieuses, ecclésiastiques ou laïques supprimés, ayant pour cause des paiemens d'ouvriers, fournitures de marchandises, des gages, des salaires, et autres objets également urgens, *excepté celles dont les titres auraient déjà été ou produits au Liquidateur général avec leur* visa, *ou rejetés par lui;*

Art. VIII.

2.º Les rentes constituées *en perpétuel* sur les corporations et établissemens supprimés, ci-dessus indiqués, dont le capital serait *au-dessous* de 3000 liv. *numéraire* ou *papier-monnaie*, sauf la même exception;

Par suite.

3.º Les arrérages de ces mêmes rentes *perpétuelles* d'un capital *au-*

dessous de 3000 liv. *numéraire* ou *papier-monnaie*, dont les titres n'auraient pas encore été produits au Liquidateur général, revêtus de leur *visa*, et non rejetés par lui ; et ce à compter du jour qu'ils seront constatés être dus, jusqu'au premier jour du semestre qui suivra la date de l'arrêté de l'état de liquidation de ces rentes par les départemens, en observant qu'il n'en ait été rien compris dans les états qu'ils auraient précédemment adressés de la portion d'arrérages mentionnés en l'article ci-après ;

4.º Les arrérages des rentes, *soit perpétuelles, soit viagères, de quelque somme qu'en soient les capitaux*, constituées par les corporations ci-dessus indiquées, pour ce qui en serait antérieur aux différentes époques ci-devant déterminées au n.º 8 *de l'attribution du Liquidateur général*, en leur faisant l'application de chacune de ces époques suivant leurs diverses institutions, également indiquées par ce paragraphe n.º 8.

I I.ᵉ P A R T I E.

Même Loi, et Loi du 1.ᵉʳ floréal an 3. 5.º La liquidation des dettes exigibles ou constituées, perpétuelles ou viagères, et des pensions, des émigrés non rayés définitivement, et de tous individus dont les biens ont été confisqués, et dont le dernier domicile a été fixé par la liste générale dans l'arrondissement du département ;

6.º Les arrérages de ces rentes, soit perpétuelles, soit viagères, et des pensions, depuis l'époque à laquelle ils se trouveront constatés être dus, *jusqu'au jour de la liquidation.*

C O R P S   A D M I N I S T R A T I F S
DE LA BELGIQUE.

Ils sont chargés de liquider,

1.º Les créances exigibles *au-dessous* de 3000 liv. de capital numéraire ou papier-monnaie, sur des corps, communautés et établissemens religieux supprimés dans la Belgique par la loi du 15 fructidor an 4 ;

2.º Les rentes *perpétuelles* de ces mêmes établissemens, dont le capital *numéraire* ou *papier-monnaie* se trouverait au-dessous de 3000 liv. ;

3.º Les arrérages de ces mêmes rentes, du jour qu'ils se trouveront constatés être dus, jusqu'au premier jour du semestre qui suivra la date de l'arrêté de l'état de liquidation de ces rentes.

Nota. Il est bien entendu que c'est la quotité de la somme *valeur nominale* portée au titre, qui doit régler la démarcation fixée pour la compétence des Corps administratifs ; qu'ainsi tout capital de 3000 liv. *assignats* ou de 3000 liv. *mandats,* soit de créances exigibles, soit de rentes perpétuelles sur les corporations ci-dessus indiquées, cesse d'être de leur attribution, comme tout capital *numéraire* de 3000 liv.

---

9. *COMMISSIONS DE LIQUIDATION des ci-devant Commissions exécutives ou Agences en dépendantes.*

Art. VII de la Loi
du 24 frimaire an 6.

1.º La liquidation de tout l'arriéré des divers services des ci-devant Commissions exécutives et Agences en dépendantes, dû à l'époque de l'établissement du régime constitutionnel, et qui avait pour objet des avances et fournitures faites pour le compte de la République ;

2.º La liquidation et apurement des comptes des divers entrepreneurs, fournisseurs et autres personnes chargées de quelques parties de service de la République, auxquels il a été fait des fonds d'avance par la Trésorerie nationale, par les ordres des anciens Comités de gouvernement et Représentans du peuple en mission, ou sur les ordonnances des ci-devant Commissions exécutives et mandats des Agences en dépendantes ;

3.º La liquidation et apurement des comptes à rendre par ceux qui, avant l'établissement des Commissions, et même sous l'ancien Gouvernement, avaient été chargés de fournitures de subsistances, et auxquels il avait été également fait des avances.

OBSERVATIONS.

La loi du 24 frimaire, en attendant celle que prépare le Corps législatif pour centraliser ces diverses Commissions liquidatrices, et régler le mode définitif de la liquidation de cette partie de l'arriéré, a déclaré définitives leurs liquidations déjà faites au profit de *Créanciers non comptables*, et leur prescrit provisoirement d'adresser au Ministre des finances les États de ces seules créances déjà liquidées, pour être par lui adressés à la Trésorerie après avoir reçu son *visa*.

A PARIS, DE L'IMPRIMERIE DE LA RÉPUBLIQUE.

Pluviôse an VI.

ARRÊTÉS

DU DIRECTOIRE EXÉCUTIF,

CONCERNANT *la liquidation des créances sur l'État, et leur admission en paiement des Domaines Nationaux.*

Des 19 Pluviôse et 5 Ventôse an VI de la République Française, une et indivisible.

1.º ARRÊTÉ *du Directoire Exécutif, qui prescrit un mode pour la liquidation de l'arriéré de la dette publique.*

Du 29 Pluviôse an VI.

LE DIRECTOIRE EXÉCUTIF, autorisé par l'article XCVI de la loi du 24 frimaire dernier, relative à la liquidation de l'arriéré de la dette publique, à faire tous les réglemens nécessaires pour sa plus prompte exécution;

Considérant que le crédit public repose sur la stricte observation des lois qui ont ordonné le remboursement d'une partie de la dette nationale, et que, pour en assurer l'exécution, il est nécessaire de fixer d'une manière particulière les attributions de quelques ordonnateurs, le mode qui constate la liquidation, les

N.º 9, 10.   A règles de la rentrée et de l'extinction des effets provenant de la dette publique, et les progrès du remboursement, ouï le rapport du ministre des finances ;

ARRÊTE:

ARTICLE PREMIER.

Le ministre de la marine ayant été chargé par un arrêté du comité de salut public de la Convention nationale du 24 thermidor an II, du *visa* des traites des colonies, et par un arrêté du Directoire exécutif du 13 thermidor an IV, de prendre les renseignemens nécessaires sur les valeurs effectives représentées par les mêmes traites, continuera, comme par le passé, à réduire la valeur des lettres-de-change venant des colonies et non encore acceptée par la trésorerie nationale, à celles de l'argent de France en numéraire effectif.

II. Cette opération faite, le ministre de la marine délivrera aux parties prenantes un titre pour se présenter à la trésorerie nationale, conforme à celui indiqué par les articles suivans, pour toutes les ordonnances de l'an IV et de l'an V à payer en exécution de la loi du 24 frimaire.

III. Les ordonnances de l'an IV qui n'ont pas été acquittées à la trésorerie nationale, et celles du service de l'an V, dont les porteurs préféreront recevoir le remboursement en effets consolidés et mobilisés, seront rapportées aux divers ministres et ordonnateurs pour être par eux converties en certificats de liquidation.

IV. A l'égard des ordonnances dont le paiement avait été commencé à la trésorerie nationale ou autorisé pour les départemens, les parties prenantes rapporteront aux ministres et aux ordonnateurs les certificats de non-paiement qui leur ont été ou leur seront délivrés, soit par la trésorerie nationale, soit par les payeurs généraux des départemens, visés par deux membres de l'administration centrale et ensuite par les commissaires de la trésorerie nationale. Ces certificats de non-paiement seront de même convertis, par les ministres et autres ordonnateurs en certificats de liquidation.

V. Les dispositions du titre IV de la loi du 24 frimaire dernier sont applicables à toutes les natures de créances soumises au mode de liquidation et de remboursement qu'elle prescrit, et aux différens fonctionnaires chargés de son exécution.

En conséquence, le seul mode de constater les créances liquidées pour être remboursées ou inscrites, sera, pour ces divers fonctionnaires, l'état de liquidation dressé dans la forme prescrite par les articles XIII et XIV de cette loi, suivant le modèle uniforme qui leur en sera envoyé par le ministre des finances.

VI. L'état mentionné dans l'article précédent sera adressé en double au ministre des finances, par chacun desdits fonctionnaires-liquidateurs, l'un pour rester dans ses bureaux, et l'autre pour être par lui transmis à la trésorerie nationale, muni de son *visa*.

VII. Le *visa* du ministre des finances, apposé au bas des états mentionnés dans l'article précédent, et qu'il est autorisé à donner par les articles XXII et XXIII de la loi du 24 frimaire, sera le seul mode d'après lequel lesdits états seront ordonnancés : ceux qui l'ont été ainsi antérieurement au présent arrêté, sont confirmés.

VIII. Les commissaires de la trésorerie nationale formeront, comme les autres fonctionnaires-liquidateurs, des états particuliers de liquidation des diverses parties de créances exigibles classées par la loi dans leurs attributions ; et ils les adresseront de même au ministre des finances, pour être par lui visés préalablement à leur remboursement.

IX. Sont exceptés de la disposition contenue dans l'article précédent, le remboursement des arrérages des rentes et pensions, l'échange des coupons de l'emprunt forcé et des billets de loterie : les commissaires de la trésorerie nationale feront seulement connaître, dans les états décadaires, ce qui aura été payé pour chacun de ces objets.

X. Les commissaires de la trésorerie nationale sont autorisés à délivrer aux créanciers porteurs de certificats de liquidation, et compris dans les états revêtus du *visa* du ministre des finances, les bons ou effets, et titres d'inscriptions définitives ou provisoires, mentionnés dans la loi, sans imputation sur aucun crédit.

XI. Le ministre des finances remettra au Directoire exécutif, dans la première décade de chaque mois, le résumé général des états décadaires de liquidation par lui visés dans le mois précédent, en distinguant, conformément à l'article XXIV, le capital et le montant de la réduction en rente.

XII. Le résumé présenté par le ministre des finances, contiendra toutes les subdivisions nécessaires pour y indiquer distinctement chaque genre de créances liquidées, suivant l'ordre de classement de ces mêmes créances, et celui des divers ordonnateurs chargés de les liquider.

XIII. Les certificats de liquidation remis ou qui le seront à la trésorerie nationale, les bordereaux qui peuvent y être déjà déposés ou qui le seront, les coupons de l'emprunt forcé et les billets de la loterie qui seront remboursés, seront, à l'instant de leur paiement, coupés ou cisaillés sur l'angle droit supérieur, annullés ainsi, de manière à ne pouvoir plus obtenir de circulation.

XIV. Les effets remis par la trésorerie nationale en remboursement de la dette publique ou en paiment d'arrérages de la partie constituée de cette même dette, de quelque nature qu'ils soient ; bons du tiers, bons des deux tiers, bons du quart, bons des trois-quarts, effets au porteur, bons consolidés, bons mobilisés, inscriptions du tiers réservé ou consolidé, et généralement de quelque dénomination qu'ils puissent être, ne pourront être reçus en paiement des objets pour lesquels ils sont admissibles à la trésorerie nationale, qu'à Paris : aucun autre receveur de deniers publics ne pourra les admettre, sous peine de radiation dans ses comptes, de forcement en recette, et de dommages – intérêts envers les parties.

XV. En échange des effets mentionnés dans l'article précédent et remis en en paiement à la trésorerie nationale, il sera délivré un récépissé, en forme de rescription, sur les receveurs auprès desquels les parties intéressées doivent justifier de leur libération : cette rescription sera reçue pour comptant, conformément à son énoncé ; elle pourra être donnée en une ou plusieurs coupures, au choix des créanciers.

XVI. Les effets de remboursement rentrés à la trésorerie nationale, autres que ceux qui sont d'une somme fixe et déterminée par la loi, seront, à l'instant de leur remise, coupés ou cisaillés sur l'angle droit supérieur, et ainsi annullés, afin de ne pouvoir plus rentrer en circulation.

XVII. Les effets de remboursement mentionnés dans l'article précédent, rentrés à la trésorerie nationale, seront enliassés, nature par nature, en paquets de cent mille francs autant que faire se pourra, et renfermés dans la caisse à trois clefs, pour y demeurer déposés jusqu'à ce qu'il ait été statué sur le mode d'après lequel il en sera compté.

XVIII. Les commissaires de la trésorerie nationale feront tenir l'état des titres de différente nature qui rentreront, des effets de remboursement qui seront émis, et de ceux qui seront rapportés en paiement : cet état sera rédigé de manière à faire connaître la nature de chacune des valeurs présentées, émises et rapportées. Ils en enverront, tous les six jours, le résultat au ministre des finances, pour qu'il en rende compte au Directoire exécutif.

XIX. Le premier résultat, conforme à l'article précédent, sera envoyé dans la première décade de ventose prochain ; il fera connaître en première ligne l'état de tout ce qui a été fait en exécution des lois des 9 vendémiaire et 24 frimaire derniers : les états décadaires subséquens rappelleront toujours le montant total de ceux qui les ont précédés.

XX. Il sera tenu des états particuliers de ce qui rentrera en inscriptions du tiers consolidé, *constitué* ou *non constitué*, de manière qu'on puisse suivre le progrès de l'extinction de la dette publique consolidée.

XXI. La trésorerie nationale est dispensée de délivrer des effets de remboursement aux créanciers qui offriront de remettre à l'instant leurs titres admissibles à la trésorerie en paiement des sommes pour lesquelles ils peuvent être reçus. il leur sera fourni en échange un récépissé en forme de rescription ; mais la mention des paiemens ainsi effectués sera comprise, sur l'état des recettes, dans les colonnes des valeurs auxquelles elles se rapportent, ou sur un état particulier.

XXII. Les délais fixés par l'article LXXXIX de la loi du 24 frimaire, pour le paiement des sommes dues pour le prix des ventes faites en exécution de la loi du 9 vendémiaire dernier, commenceront à courir à compter du premier ventose prochain inclusivement. Cette époque sera considérée comme celle du jour auquel le remboursement des bons de deux tiers s'effectue à bureau ouvert.

XXIII. Les receveurs des domaines poursuivront le paiement de tout ce qui sera dû sur les ventes faites, en exécution de la loi du 9 vendémiaire dernier, jusqu'au 30 pluviose inclusivement ; savoir, pour la partie de l'adjudication payable en numéraire, ou en effets représentatifs du tiers consolidé, à l'expiration du mois de ventose ; et pour la partie payable en bons de deux tiers, à l'expiration du mois de floréal.

XXIV. Les délais dans lesquels le prix des domaines nationaux vendus postérieurement au 30 pluviose devra être effectué, ne pourront point être étendus au-delà d'un mois pour la partie payable en numéraire ou en tiers consolidé, et de trois mois pour la partie payable en bons de deux tiers ; le tout à compter du jour de l'adjudication.

XXV. Les receveurs des domaines qui ne justifieront point avoir fait les diligences de droit contre les débiteurs en retard de payer ou de déposer à la trésorerie nationale, seront forcés en recette pour les sommes qu'ils auraient dû recouvrer, sauf leur recours contre les obligés.

Le ministre des finances et les commissaires de la trésorerie nationale sont chargés, chacun en ce qui les concerne, de l'exécution du présent arrêté, qui sera imprimé dans le Bulletin des lois.

Pour expédition conforme, *signé* P. BARRAS, *président ;*
par le Directoire exécutif, *le secrétaire général*, LAGARDE.

2°. *Arrêté du Directoire exécutif, sur le mode d'emploi des créances non liquidées en acquisition de domaines nationaux.*

Du 5 ventose an VI.

Le Directoire exécutif, autorisé par l'art. XCVI de la loi du 24 frimaire dernier, relative à la liquidation de l'arriéré de la dette publique, à faire tous les les réglemens nécessaires pour sa prompte exécution ;

Considérant qu'il est urgent de fixer le mode d'exécution du titre XI de cette loi, relatif aux créanciers non liquidés qui voudront employer leurs créances en acquisition de domaines nationaux, et sur-tout de faire disparaître les interprétations fausses qui ont pu et pourraient être données aux articles LVII et LVIII.

Considérant que tous les créanciers de la République non liquidés qui feraient emploi de leurs créances en domaines nationaux, doivent également être mis en possession, soit que leurs titres aient été, ou non, soumis au *visa* préparatoire des corps administratifs ; et que toute distinction à cet égard serait contraire à l'esprit de la loi ;

Qu'enfin le but de la loi du 24 frimaire est rempli et la garantie de la nation assurée par la caution que doit fournir le créancier non liquidé qui se rend adjudicataire ;

Ouï le rapport du ministre des finances,

ARRÈTE:

ARTICLE PREMIER.

Les créanciers de la République non encore liquidés qui voudraient employer leurs créances en acquisition de domaines nationaux, pourront, comme tous autres enchérisseurs, se rendre adjudicataires sans être tenus à aucune justification préalable.

II. Si dans les délais fixés pour le paiement des domaines nationaux par la loi du 24 frimaire et par l'arrêté du Directoire du 29 pluviose dernier, la liquidation du créancier n'étant pas encore terminée, il n'avait pu rapporter au receveur des domaines nationaux le récépissé de la trésorerie, des valeurs définitives versées par lui pour opérer son paiement, il pourra être mis en possession du domaine à lui adjugé, en remplissant les conditions ci-après.

III. Il remettra au receveur des domaines nationaux un certificat constatant, 1°. le dépôt des titres de sa créance entre les mains des fonctionnaires chargés de sa liquidation soit provisoire, soit définitive ; 2°. le montant présumé de cette créance.

IV. Il lui remettra, en outre, l'acte de soumission de sa caution pour sûreté des restitutions qu'il aurait à faire, en conséquence des articles LXV et LXVI de la loi du 24 frimaire, dans le cas de rejet de tout ou partie de sa créance ; lequel acte contiendra l'attestation, par le département de la situation du bien adjugé, que cette caution a été par lui acceptée, après avoir été discutée par le préposé principal de la régie des domaines.

V. Sur la remise de ces deux pièces, le receveur des domaines nationaux délivrera au créancier adjudicataire, un certificat d'après lequel il sera mis en possession, par l'administration départementale, du domaine à lui adjugé.

VI. Dans le cas néanmoins, où les retards qu'entraîneraient la discussion et l'acceptation de la caution, empêcheraient l'adjudicataire de remettre simultanément ces deux pièces audit receveur, la seule remise du certificat du dépôt de titres le mettra à l'abri de toutes poursuites et de la revente sur folle enchère.

VII. Les certificats de dépôt de titres n'étant point une valeur réelle, et ne pouvant servir à obtenir la quittance définitive mais seulement la mise en possession sous la garantie de la caution, ils ne sont point susceptibles d'être échangés à la trésorerie nationale ; ils doivent rester entre les mains du receveur des domaines jusqu'au paiement effectif, qui ne pourra se faire qu'avec le seul récépissé de la trésorerie, conformément à l'article XV de l'arrêté précité du 29 pluviose dernier.

VIII. La mise en possession des créanciers non liquidés adjudicataires de domaines nationaux, ne devant s'effectuer que sous la garantie d'une caution, il ne sera fait aucune distinction entre les certificats de dépôt qui auraient été délivrés sur des titres soumis, avant la liquidation, au *visa* préparatoire des corps administratifs, et ceux qui l'auraient été sur des titres non assujétis à cette formalité préalable.

IX. En conséquence, ils seront délivrés par tous les agens liquidateurs, conformément au modèle qui leur en sera adressé par le ministre des finances ; mais il ne pourra, dans aucun cas, en être expédié de duplicata sans un arrêté formel du Directoire, auquel le ministre des finances rendra compte des motifs qui légitimeraient la demande.

Le ministre des finances est chargé de l'exécution du présent arrêté, qui sera inséré au Bulletin des Lois.

Pour expédition conforme, *signé* BARRAS, *président*.
Par le Directoire exécutif, *le secrétaire-général*, LAGARDE.

A PARIS,

DE L'IMPRIMERIE DU DEPOT DES LOIS,

place du Carrousel.

Et se trouve dans les villes chef-lieux de départemens, au bureau de correspondance du Dépôt des Lois.